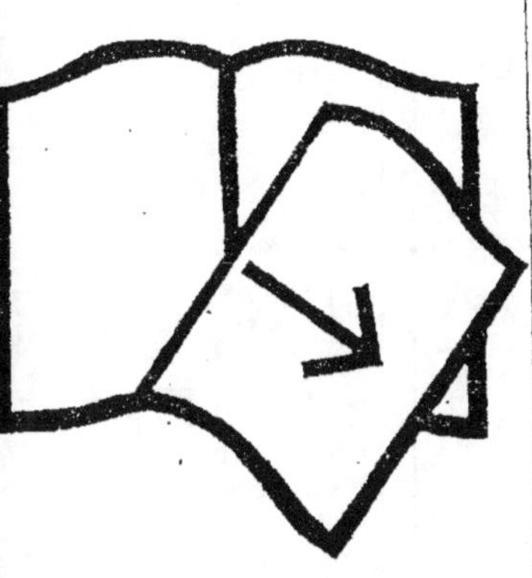

Couverture inférieure manquante

Début d'une série de documents
en couleur

REVUE AFRICAINE

...UX

...LGÉRIENNE

...OCIÉTÉ

...ÉSIDENT

PUBLICATION HONORÉE DE SOUSCRIPTIONS DU MINISTRE
DE L'INSTRUCTION PUBLIQUE,
DU GOUVERNEMENT GÉNÉRAL DE L'ALGÉRIE,
DES CONSEILS GÉNÉRAUX DES DÉPARTEMENTS D'ALGER ET D'ORAN
ET DU CONSEIL MUNICIPAL D'ALGER.

> « La Société historique algérienne entende mot
> *histoire* dans son acception la plus large, y com-
> prenant, avec l'étude des personnes, des faits et
> des monuments, celle du sol même auquel ils se
> rapportent. Elle s'occupe donc de l'histoire pro
> prement dite, de la géographie, des langues, des
> arts et des sciences de *toute* l'Afrique septentrio-
> nale. (*Extrait des* STATUTS)

TREIZIÈME ANNÉE

Numéro 77. — SEPTEMBRE 1869.

ALGER

CHEZ BASTIDE, LIBRAIRE-ÉDITEUR, PLACE DU GOUVERNEMENT

CONSTANTINE	PARIS
ARNOLET, Imprimeur-Libraire	CHALLAMEL aîné, Éditeur
Rue du Palais	30, Rue des Boulangers

1869.

REVUE AFRICAINE

JOURNAL DES TRAVAUX

DE LA

SOCIÉTÉ HISTORIQUE ALGÉRIENNE

PAR LES MEMBRES DE LA SOCIÉTÉ

SOUS LA DIRECTION DU PRÉSIDENT

PUBLICATION HONORÉE DE SOUSCRIPTIONS DU MINISTRE
DE L'INSTRUCTION PUBLIQUE,
DU GOUVERNEMENT GÉNÉRAL DE L'ALGÉRIE,
DES CONSEILS GÉNÉRAUX DES DÉPARTEMENTS D'ALGER ET D'ORAN
ET DU CONSEIL MUNICIPAL D'ALGER.

> « La Société historique algérienne entend le mot
> *histoire* dans son acception la plus large, y com-
> prenant, avec l'étude des personnes, des faits et
> des monuments, celle du sol même auquel ils se
> rapportent. Elle s'occupe donc de l'histoire pro-
> prement dite, de la géographie, des langues, des
> arts et des sciences de *toute* l'Afrique septentrio-
> nale. *(Extrait des* STATUTS)

TREIZIÈME ANNÉE

Numéro 77. — SEPTEMBRE 1869.

ALGER

CHEZ BASTIDE, LIBRAIRE-ÉDITEUR, PLACE DU GOUVERNEMENT

CONSTANTINE	PARIS
ARNOLET, IMPRIMEUR-LIBRAIRE	CHALLAMEL AÎNÉ, ÉDITEUR
Rue du Palais	30, Rue des Boulangers

1869.

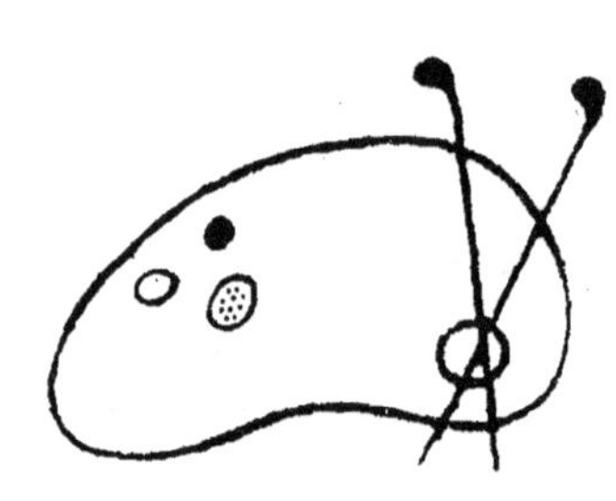

Fin d'une série de documents
en couleur

LA MARINE DE LA RÉGENCE D'ALGER

C'est par sa marine que la Régence d'Alger a joué un si grand
rôle dans l'histoire pendant trois siècles et qu'elle s'est rendue
redoutable aux chrétiens jusqu'au moment où la France est venue venger tant d'injures et débarrasser la Méditerrannée du
terrible fléau de la piraterie barbaresque. Il est donc intéressant
de connaître au juste les forces navales dont disposait cet étrange
État qui avait pour politique le vol et le brigandage, et qui im-
posait des tributs à la plupart des nations européennes. Pour
arriver à ce résultat, j'ai établi une petite statistique qui, malgré
son aridité, me semble devoir présenter un vif intérêt aux personnes désireuses d'avoir des notions précises et exactes sur un
passé si extraordinaire qu'il n'apparait plus que comme une lé-
gende fantastique.

J'ai puisé les éléments de cette étude dans diverses pièces, iné-
dites, et principalement dans un document appartenant aux
archives du consulat de France à Alger, cette mine inépuisable
de matériaux historiques qu'il m'était réservé de retrouver et
que j'ai eu le bonheur d'exploiter seul jusqu'à présent. Tout
corsaire algérien qui allait appareiller, venait chercher au consulat des expéditions ayant deux objets distincts. D'une part, il
recevait des pièces destinées à assurer tant à son navire qu'aux
prises qu'il pouvait faire, la protection des bâtiments de guerre
français rencontrés en mer. Ces pièces étaient : 1° Pour le
croiseur algérien, un certificat de nationalité ainsi établi :

« Nous ..., consul général de France, chargé d'affaires de S. M.
T. C. en cette ville et royaume d'Alger, certifions et attestons
« à qui il appartiendra, que le ..., commandé par ..., armé de
« ..., étant de présent au port d'Alger, porteur des présentes,
« appartient à cette Régence. Prions et requérons tous officiers
« commandant les vaisseaux du Roi, de lui donner tous les se-
« cours dont il pourrait avoir besoin. En foi de quoi nous avons
« signé le présent certificat, revêtu du sceau accoutumé, et
« contresigné par le sieur ..., chancelier de ce consulat-général,

« à Alger, le ...... » Pour les prises, des passavants, presque
toujours au nombre de deux, et rédigés comme il suit : « Nous
..... consul général de France, chargé d'affaires de S. M. T. C.
« en cette ville et royaume d'Alger, certifions à qui il appartien-
« dra, avoir délivré à ..... commandant le ....., armé de ....., ap-
« partenant à cette Régence d'Alger, le présent certificat, pour
« servir de congé et de passavant aux prises qu'il pourra faire.
« En foi de quoi nous l'avons signé, fait contresigner par le
« chancelier de ce consulat général, et sceller du sceau accoutu-
« mé d'icelui. A Alger, le ..... » D'autre part, le chancelier
remettait au raïs un exemplaire imprimé, en blanc, des passeports délivrés dans les ports de France, à nos navires marchands.
La remise de cette formule imprimée, — ou modèle de congé, —
avait pour but de donner aux corsaires les moyens de constater
l'identité des bâtiments, arrêtés par eux, qui se prétendaient
français. On confrontait les deux passeports, mais comme les
Algériens étaient d'une ignorance crasse en toutes choses, la lec-
ture n'entrait pour rien dans cet examen. On mesurait les deux
pièces ! Les corsaires comptaient les lignes imprimées, compa-
raient les bordures, plaçaient les passeports l'un sur l'autre et
vérifiaient minutieusement s'ils s'ajustaient parfaitement. Plusieurs de nos navires ont été pillés, amarinés, traités en ennemis, — y compris l'esclavage de l'équipage, avec insultes, coups
et bastonnade, — parce que l'un des parchemins dépassait l'autre
de quelques lignes, les marges n'ayant pas été ménagées avec
une exactitude rigoureuse. Malgré les vexations intolérables
qu'une manière de procéder aussi défectueuse créait à notre
marine marchande, les autorités de l'ouest de la France se ser-
vaient d'une formule différente que les Algériens considéraient
comme nulle, ne la connaissant pas. Une incurie aussi forte est à
peine croyable, mais il en existe de nombreuses preuves dans
les archives. Les bâtiments des ports de l'Océan et de la Manche
étaient toujours traités en ennemis par les Algériens, — à cause
de leurs passeports, — causaient de grands ennuis à notre consul
et amenaient souvent de graves complications dans nos relations
avec la Régence.

La délivrance des expéditions françaises aux corsaires était enregistrée dans des cahiers ad hoc, dont nous possédons la série complète à partir de 1737. Jusqu'à preuve contraire, on doit supposer que ces cahiers étaient tenus avec régularité. D'un autre côté, il est certain que les raïs ne devaient pas négliger d'accomplir cette formalité, d'abord parce qu'ils étaient routiniers, et ensuite par la raison qu'ils tenaient essentiellement à vivre en paix avec les navires de guerre français. Nous connaissons donc avec certitude, au moyen de ces documents, — précieux en ce qu'ils indiquent l'armement exact de chaque croiseur, — les bâtiments algériens qui ont pris la mer chaque année. Il est vrai que cela ne donne pas toujours la composition totale de la flotte, attendu que quelques navires restaient quelquefois plus d'un an sans prendre d'expéditions, soit qu'ils ne navigassent pas, soit qu'ils n'eussent pas trouvé à utiliser leurs deux passavants de prises (1). Mais il est facile, en comparant plusieurs années consécutives, d'arriver à former un total très rapproché de la vérité. J'ai cherché, d'ailleurs, à combler cette lacune en puisant à d'autres sources, indigènes ou françaises, et pour plusieurs années j'ai pu présenter la liste générale de la marine algérienne, non d'après un calcul approximatif, mais sur des données certaines.

Les Algériens armaient en guerre ceux des navires marchands, capturés par eux, qui leur paraissaient propres à la course. Ils avaient, en outre, un chantier de construction dans lequel ils employaient les bois tirés des environs de Bougie et ceux que leur procuraient les Européens. Ce chantier a produit un grand nombre de navires de toutes dimensions, — et même des frégates, — dont la construction était dirigée le plus souvent par des indigènes, et quelquefois par des chrétiens, esclaves ou libres. Quant aux mâts, vergues, cordages et autres objets indispensables pour l'entretien d'une flotte, ils étaient fournis, sous

(1) D'autres navires, au contraire, figurent plusieurs fois dans la même année. Cette répétition était causée soit par le changement du commandant, ce qui nécessitait un nouveau passeport, soit par le besoin de prendre de nouveaux passavants en remplacement des deux délivrés, lors du précédent voyage et utilisés par suite des prises opérées.

forme de tribut annuel, — comprenant aussi des munitions de guerre, — par les petites puissances de l'Europe, cherchant à s'assurer la paix sans y parvenir toujours. C'était, on peut le dire, offrir des verges pour se faire fouetter, car ces fournitures trouvaient ordinairement leur emploi contre les fournisseurs eux-mêmes.

Les Algériens ne donnaient qu'exceptionnellement des noms particuliers à leurs navires, lesquels étaient habituellement désignés sous le nom de leur commandant. Les noms particuliers qu'on peut relever étaient tirés : 1° de l'origine du bâtiment, comme la frégate américaine (cadeau des États-Unis), le brick portugais (provenant de prise portugaise), etc. ; 2° de la dimension : le petit chebec, la grande frégate etc. ; 3° de quelque circonstance particulière : le vieux chebec, le brick neuf, la polacre noire, etc. La nature du navire figure toujours dans ces appellations qui sont plutôt des épithètes.

Les véritables noms propres, sont très-rares. Nous en avons seulement constaté une douzaine : le *Coq du Port*, l'*Aile-verte*, la *Fortunée*, la *Victorieuse*, la *Victoire de l'Islam*, la *Clé de la guerre sainte*, les *Pléiades*, le *Guide d'Alexandre*, l'*Objet de la protection divine*, les *Grâces de la voie du salut*, la *Terreur des mers*, la *Gazelle*, etc. Les Européens donnaient souvent aux navires des Algériens des noms de leur invention, que ces derniers ignoraient, tels que le *Lion blanc*, la *Rose d'or*, les *Grandes gazelles*, etc.

Dans les commencements de la domination ottomane, les corsaires, — composés de chenapans de toute origine, — formaient un corps spécial très-jaloux de ses priviléges. Mais les Turcs réussirent bientôt à participer aux bénéfices de la course, et entrèrent, concurremment avec les andalous, kabyles, maures, biskris, renégats et gredins de tous pays, dans la formation des équipages, lesquels n'avaient pas de paie et naviguaient à la part.

Voici la nomenclature des matelots d'élite et des sous-officiers :

Les *oukil el-hardj*, dépensiers chargés des vivres ; ils étaient au nombre de trois : un pour le kamera (état-major), un pour l'équipage et un pour les canonniers.

Kheznadji, chargé de la soute aux poudres.

Amberdji, cambusier, garde-magasin.

Kalafat, calfat.

Mesteurdach, charpentier.

Britadji, gabier de perroquet.

Garda-kapou, gabier de hune.

Demamdji, timonier.

Sandal-Raïs, patron d'embarcation.

Yarkandji, maître-voilier.

Bach-Demamdji, chef de timonerie.

La hiérarchie ci-après était établie dans l'état-major :

Ourdian.

Yakandji, chargé du détail.

Raïs el-Assa.

Bach-Raïs, second.

Raïs, commandant.

Chaque navire avait en outre : 1° des *raïs etterik*, ou capitaines de prises ; ils ne faisaient aucun service à bord et leur mission était de prendre le commandement des bâtiments capturés ; 2° un bach-tobdji ou chef des canonniers, chargé de diriger le service des pièces ; 3° un khodja, ou savant, lequel remplissait les fonctions de secrétaire du commandant et d'aumônier, et tenait et interprétait le recueil des signaux, étant le seul, à bord, qui sût lire et écrire.

Les matelots se divisaient en deux sections : *bahri*, matelots d'avant, et *sotta raïs*, matelots d'arrière. Le quart se relevait de six heures en six heures à partir de minuit. Les chefs de quart étaient le *Bach-raïs* (second), ayant en sous-ordre le *Yakandji* et le *Raïs el-Assa* secondé par le *Ourdian*. Un détachement de janissaires, commandé par un aga, s'embarquait sur tout navire qui prenait la mer. Ces soldats avaient un cuisinier spécial et faisaient bande à part. Dans les combats, ils étaient plus particulièrement chargés du service de la mousqueterie.

Pour obtenir le grade de commandant de navire, il fallait être examiné et reçu par un conseil de raïs, assemblé sous la prési-

dence du Koptan (amiral), dans le kiosque où est aujourd'hui lo-
gé le contre-amiral commandant la marine en Algérie. L'examen
ne sortait pas du domaine de la pratique, les raïs étant aussi il-
lettrés que les autres membres de l'état-major. Le plus ancien
des raïs de la flotte recevait le titre de koptan ou amiral ; il ne
naviguait plus et avait pour logement le kiosque dont je viens de
parler. Il y avait un autre koptan, qui commandait à la mer et
qui était nommé au choix. Pour occuper ces fonctions actives,
on prenait, naturellement, le raïs, — quel que fut son âge, —
que ses exploits avaient rendu plus particulièrement célèbre.

Le vendredi 21 mai 1529, Kheir-Eddin, continuateur de l'œu-
vre de son frère Aroudj et véritable fondateur de la Régence
d'Alger, réussit, enfin, à enlever le Pegnou, forteresse bâtie par
les Espagnols, en 1510, sur un îlot sis en face et à portée de flé-
che de la ville. Il employa pour cette expédition 45 galères,
fustes, brigantins et grandes barques, sur lesquels il avait placé
autant de monde que possible. Il est certain que ces navires re-
présentaient toute la flotte algérienne. Aussitôt après sa victoire,
Barberousse fit établir la charpente du port que nous avons trouvé
en 1830. Cette création, en assurant aux navires un abri relati-
vement vaste et sûr, donna une vive impulsion à la piraterie.
Aussi, la force des Algériens, s'élevait-elle à 60 bâtiments en
1530, en y comprenant, il est vrai, le contingent de plusieurs
corsaires indépendants. Mais lorsqu'il revint de Tunis, — conquis
par Charles-Quint, — Kheir-Eddin ne trouva à Alger, que 9 navires qui furent bientôt renforcés de 8 galères, immédiatement
construites par son ordre.

En 1540, une flotte de 16 bâtiments fut battue par Bernard Men-
dosa, général des galères d'Espagne. Le 5 juillet 1553, Salah Pacha était en mer avec une escadre de 40 voiles et battit une flo-
tille portugaise sur la rade de Velez. Trois ans plus tard, en 1556,
ce même pacha, apprenant la prochaine arrivée du renfort que la
Sublime-Porte lui expédiait pour l'aider à enlever Oran aux
Espagnols, appareilla à la tête de 30 galères ou galiotes.

Le pacha Hassan fils de Barberousse employa une flotte de 40 galères, galiotes et brigantins dans son expédition contre le roi de

Fez, en 1557. A l'occasion de sa tentative contre Oran, en janvier 1563, il fit partir une escadre de 32 galères et galiotes. Enfin, il prit part au siège de Malte, en 1565, avec 28 galères ou galiotes, laissant le reste de sa flotte à Alger.

En 1570, une flotte de 7 galères et 12 galiotes, que commandait El-Hadj Ali el-'Oldj, pacha d'Alger, s'empara de 4 galères de Malte : la *Patronne*, la *Sainte-Anne*, la *Saint-Jean*, et la capitane montée par Saint-Clément, général des galères. Divers trophées tels que bannières, étendards, boucliers etc., provenant de ces navires restèrent suspendus, pendant huit ans, à la voûte de la porte de la marine, aussi appelée *Bab-el-Djihad*, la porte de la Guerre sainte. Ils furent brûlés devant le pacha, au palais, sur la réclamation des ulémas qui trouvaient inconvenant que des objets portant la croix ornassent l'entrée d'une ville mahométane.

Le 7 octobre 1571, le même El-Hadj Ali pacha prit part à la bataille de Lépante avec une escadre de 60 galères dont quelques-unes appartenaient à la marine algérienne. Le courage et le talent que le Pacha d'Alger avait montrés dans cette bataille, si funeste aux Turcs, lui valurent la dignité de koptan-pacha ou généralissime de la flotte ottomane.

D'après l'historien espagnol Haedo, les forces navales d'Alger se composaient, en 1581, de 35 galiotes, dont 2 de 24 bancs, 1 de 23 bancs, 11 de 22 bancs, 8 de 20 bancs, 10 de 18 bancs, 1 de 19 bancs, et 2 de 15 bancs ; et d'environ 25 frégates (petits navires à rames et non pontés), de 8 à 13 bancs, y compris celles de Cherchel. Vers 1606, l'usage des vaisseaux ronds, introduit à Alger par un corsaire flamand nommé Simon Danser, contribua puissamment au développement de la marine des forbans et cette amélioration fut secondée par l'immigration des Morisques, ou Andalous, expulsés d'Espagne par Philippe III, en 1609. Les navires mieux construits, mieux équipés, mieux dirigés, ne craignirent plus de franchir les bornes de la Méditerranée et s'élevèrent dans l'Océan pour explorer les routes de l'Inde et de l'Amérique. L'Islande même, malgré ses glaces et sa pauvreté, ne fut point à l'abri de leurs ravages : en 1616, le fameux Mourad raïs promena son pavillon dans ces parages lointains. En 1617, les Algériens attaquèrent l'île de Madère, la ravagèrent, enlevèrent jusqu'aux cloches des églises et emmenèrent 1200 esclaves. Ils commirent aussi de grands ravages en Angleterre, vers 1631. La marine algérienne, trouvant des éléments de puissance dans le concours des Andalous et des nombreux esclaves chrétiens qui embrassaient le mahométisme, devint réellement redoutable au commencement du XVIIe siècle.

L'histoire de Barbarie du père Dan, nous fournit les indications ci-après : « En Alger, il n'y avait pas davantage de quatre galères en l'an 1634, deux desquelles estoient de 24 bancs et les deux autres de 23, avec un brigantin de 15 bancs et huict frégates de 5 à 6 bancs.... Dénombrement des navires ronds qu'ont les corsaires de Barbarie. En Alger, il y en a septante, tant de navires et polacres que grandes barques qui vont toutes en course, dont les unes portent 25 pièces de canon et les autres 35 et 40.... Le 7e d'aoust, l'an 1634, je vis partir une flotte de 28 de ces navires, les plus beaux et les mieux armez qu'il fut possible de voir. Ils firent voile en Ponant pour aller attendre les vaisseaux Bretons, Normands et Anglois.... A quelques huict jours de là, il partit du port une escadre de cinq autres navires qui prirent la route du Levant. Tout le reste estoit sur mer, il y avoit déjà longtemps.... Il s'est vu des années comme en 1615 et 1616 qu'ils ont fait des prises qui se montaient à plus de deux ou trois millions. »

De son côté, le chevalier d'Arvieux, qui a résidé à Alger, du 10 septembre 1674 au 4 mars 1675, en qualité d'envoyé du roi de France, nous a laissé, dans ses mémoires, les renseignements suivants : « Il n'y avait de mon temps que trois galères dans le port d'Alger... Il y avait environ trente vaisseaux de guerre à Alger, de différentes grandeurs. Le plus considérable n'était que de 50 pièces de canon et les autres en diminuant jusqu'à 10 ou 12... »

J'ai fait dans divers documents indigènes le relevé ci-après qui embrasse quatre années.

Année 1674. Les Algériens eurent en mer cette année, 26 navires, savoir : 1° deux saëttes (la *saëtte* ou *saëttié*, — *saettia* en italien, *saetya* en espagnol, *chitia* en arabe, — anciennement petit bâtiment à rames, très-léger, était devenue au XVIIe siècle un assez gros navire ne se servant d'avirons qu'exceptionnelle-

ment, comme les chebecs, et dont la mâture offrait un mélange
de voiles carrées et de voiles triangulaires. Les plus grosses
saëttes n'avaient une voile latine qu'au mât d'artimon ; les plus
petites ne portaient de voiles carrées qu'au mât de misaine. Les
archives du consulat de France à Alger donnent invariablement
la qualification de *barques* à ces navires, dont quelques-uns re-
cevaient jusqu'à 34 canons, et dans mon présent travail, j'ai
adopté cette expression comme étant plus conforme au dernier
état des choses); 2° un bateau mi-ponté ; 3° deux frégates à rames;
4° vingt-un navires non spécifiés. En tout, 26 bâtiments. (D'après
le chevalier d'Arvieux, deux corsaires brûlèrent, en octobre 1674,
le vaisseau garde-côte de Portugal, armé de 36 pièces de canon
et monté par 400 hommes).

Année 1675. 2 caravelles, 3 barques ou saëttes (chitia); 6 frégates à rames ; 24 navires non spécifiés. Total : 35 bâtiments.

Année 1676. 2 caravelles ; 5 frégates à rames; 21 bâtiments
non spécifiés. Total : 28 navires.

Année 1677, (jusqu'au 26 février seulement), 11 navires non
spécifiés.

Je puise dans les archives du consulat des renseignements qui
établissent authentiquement les excursions faites dans l'Océan
par les corsaires algériens, à la fin du XVII° siècle.

2 janvier 1690. P. V. constatant que la tartane française *Ste-
Anne*, patron Louis Cauviguac, a été coulée par un vaisseau algérien, aux îles Canaries.

30 janvier 1693. Attestation que la flûte portugaise *N.-D. del
Pilar*, armée de 6 canons et chargée de sel, a été prise et coulée
par deux corsaires algériens sur le cap Finistère et à 15 lieues
au large, 7 jours après sa sortie de Lisbonne.

15 janvier 1694. Le consul certifie que la corvette appelée
Nord Stard, commandée par le capitaine Richard Dewig, anglais,
a été prise par les Algériens, le 9 novembre précédent, venant
de Guinée et allant à Cadix.

4 janvier 1695. Déclaration que le navire hollandais *Santa
Clara*, de 63 hommes d'équipage, 24 pièces de canon et 12 pierriers, a été pris le 7 janvier précédent, par un vaisseau d'Alger
nommé la *Roze*, capitaine Babaly, à 40 milles du cap St-Vincent.

13 mars 1697. Déclaration par le capitaine Antonio Falco, portugais, commandant le vaisseau *Nostra Segnora de Gloria St-Antonio*, qu'il a été pris dans l'Océan, par un corsaire d'Alger, le 2 novembre précédent.

26 juillet 1698. Déclaration que le vaisseau portugais *Nostra Segnora de Penha de França* a été pris, après combat, par un corsaire d'Alger, le 24 octobre précédent, sept jours après sa sortie de Lisbonne pour Hambourg, à 60 lieues en mer.

21 octobre 1698. Déclaration par George Tode, ci-devant commandant le vaisseau portugais *Ste-Anne*, qu'il a été pris, le 15 juillet, par deux corsaires d'Alger, que commandait l'amiral de cette ville, quatre jours après qu'il eut mis à la voile, avec un chargement de sucre, de tabac et de sumac, pour aller à Hambourg.

12 mars 1699. Le consul certifie que le navire portugais *St-Gaëtan*, allant de Lisbonne à Hambourg, a été pris par un corsaire algérien, en août 1698.

26 janvier 1700. Le sieur Villem Hont Huisem, d'Amsterdam, ci-devant commandant la flute nommée *De Keysser van Affrica*, et actuellement esclave, déclare qu'ayant chargé à Salé des laines, amandes, etc., il en partit le 23 septembre dernier, pour aller à Amsterdam, *et que, faisant sa route, il a été rencontré à la hauteur des Berlingues, environ 100 lieues en mer, par le nommé Kalil raïs, commandant un vaisseau corsaire d'Alger, à la vue duquel 6 personnes de son équipage se sont sauvées dans la chaloupe, et lui sixième avec quatre passagers juifs, faisant en tout 10 personnes, sont restés dans la flute où ils ont été pris le 7 octobre.*

A cette époque, la plupart des capitaines d'Alger étaient des chrétiens rénégats, qui possédaient, dans la science de la navigation, des connaissances auxquelles ne pouvaient prétendre les raïs indigènes. C'est ce qui explique la longueur des voyages entrepris par les croiseurs algériens. Pour finir le XVIIe siècle, j'emprunte à un document indigène le renseignement suivant :

« L'an mil cent quatre, le douzième jour du mois du chabân (22 avril 1693), dix bâtiments de guerre ont été désignés pour sortir en escadre ; l'un d'eux porte des cadeaux au Grand Sultan. »

(Suit une liste qui ne fait connaître ni la nature ni l'armement des navires).

Voici les renseignements que deux voyageurs, l'un français, l'autre anglais, nous fournissent pour le commencement du XVIII° siècle, au sujet de la marine algérienne, laquelle était placée, à cette époque, sous les ordres du marseillais Sanson, qui avait embrassé l'islamisme sous le nom de *Mami Semsoum*.

1724. « Les Algériens entretiennent aujourd'hui 24 vaisseaux en course, les uns de 50 pièces de canon, les autres de 40, de 30, et quelques-uns n'ont que 10 pièces de canon. Ils ont outre cela quelques galiotes armées... (Peysonnel).

1732. « La force navale des Algériens a décliné depuis quelques années. Si l'on excepte leurs galères et leurs brigantins, ils n'avaient l'an 1732, que six grands vaisseaux de 36 à 50 pièces de canon, et pas trois bons capitaines... Leur manque d'expérience et le peu de batailles navales où ils se sont trouvés ont diminué leur réputation par rapport à la marine. Ils ont cependant une grande quantité de matériaux pour bâtir des vaisseaux, de sorte que s'ils voulaient reprendre courage et établir parmi eux une bonne discipline, ils pourraient beaucoup incommoder les Européens. » (Shaw).

Les archives du consulat vont nous fournir la preuve que pendant les 25 premières années de ce siècle, les Algériens continuaient à croiser dans l'Océan.

1er juin 1706. Le 24 février 1706, le corsaire français le *Girard*, de St-Malo, ayant 36 canons et jaugeant 300 tonneaux, attaqua sur le cap St-Vincent, le navire hollandais la *Marie*, de 120 tonneaux, capitaine Jan Brenghels, de Rotterdam ; il allait s'en emparer lorsqu'il fut obligé de s'éloigner par l'apparition d'un bâtiment de guerre battant pavillon hollandais ; mais le nouveau venu aborda la *Marie*, l'amarina et arbora ensuite pavillon rouge ; c'était un corsaire algérien, de 36 canons et 350 tonneaux, nommé la *Rose* et commandé par le raïs Hamet Touïl ; Guillaume Buisson, sieur Desbois, commandant de la frégate le *Girard*, revint alors sur le champ de bataille et réclama sa part de la *Marie*. Les deux corsaires ne se comprirent pas parfaitement; cependant le raïs consentit à ce que le sieur François Renouin s'embarquât sur la prise hollandaise, que les Algériens conduisirent immédiatement à Alger. A la date du 1er juin suivant, le consul de France dressa un long procès-verbal dans lequel il exposait les démarches qu'il avait faites pour arracher les Hollandais à l'esclavage, en quoi il avait complètement échoué, et pour obtenir au profit du corsaire français une portion du produit de cette capture.

15 février 1710. Le consul certifie que le vaisseau génois le *César*, capitaine Hyacinthe Nata, a été capturé par deux corsaires algériens, le 29 juillet précédent, à la hauteur des Berlingues, allant à Lisbonne.

— 8 octobre 1717. Démarches du consul pour obtenir la restitution du brigantin français *Charles-François*, de 60 tonneaux, venant de la Martinique, et amariné par un corsaire algérien à 48 lieues N. et S. du cap Saint-Vincent et 60 lieues de Cadix, sous le prétexte que son passeport n'était pas conforme au modèle.

— 17 mars 1719. Le capitaine Martin Prins, hollandais, déclare qu'allant d'Amsterdam à Bordeaux avec sa flûte le *Jean*, il a été pris par une caravelle d'Alger, à 9 lieues de la terre d'Ouessant, près de Brest, le 13 juin 1718.

— 17 mars 1719. Jacob Jaussen, capitaine hollandais, déclare qu'allant d'Amsterdam à Bordeaux, avec son navire appelé la *Dlle Anne-Marie*, il a été pris, le 21 juillet précédent, par un vaisseau corsaire d'Alger, à 5 ou 6 lieues de la terre de Bretagne près de Brest.

— 17 novembre 1719. Déclaration par le capitaine de la flûte hambourgeoise appelée *Lanne de Hambourg*, et *Claas*, qu'étant parti de Hambourg pour Bordeaux, il a été pris par un vaisseau algérien, à 2 lieues 1/2 d'Ouessant, sur la côte de Bretagne, le 7 août de la même année.

— 15 février 1721. Le capitaine Jean Prudhome, commandant le vaisseau le *Maréchal d'Estrées*, du Havre-de-Grâce, déclare qu'étant parti de cette dernière ville, le 15 décembre précédent, pour aller au Sénégal, il a été pris, le 9 janvier suivant, par deux vaisseaux corsaires d'Alger, à 90 lieues au Nord de Madère, attendu qu'il n'était pas muni d'un passeport semblable à ceux que les capitaines algériens ont en main.

— 20 août 1721. Déclaration par le capitaine de la flûte hollandaise le *Jeune-Jean-Adriam*, qu'étant parti d'Amsterdam pour Bordeaux, il a été pris, le 7 mai de ladite année, près d'Ouessant par la caravelle algérienne que commande Cara Mamet.

— 20 juin 1725. Rachat du français Banier, de Saint-Malo, pris dans le vaisseau l'*Impératrice-Élisabeth*, d'Ostende, à son retour des Indes.

Je vais maintenant aborder mes relevés annuels, d'après le système que j'ai exposé au commencement de cette étude.

Année 1737. 1 corvette de 18 canons. — 1 caravelle de 16 canons. — 1 gabarre de 8 canons et de 8 pierriers. — 3 pinques : 1 de 10 canons et 6 pierriers ; 4 de 8 canons et quelques pierriers ; 1 de 8 canons et 14 pierriers. — 2 chebecs : 1 de 6 canons et 24 pierriers ; 1 de 4 canons et 14 pierriers. — 9 galiotes : 1 de 17 bancs, 6 canons et 14 pierriers ; 1 de 18 bancs, 3 canons, 14 pierriers ; 1 (vieux chebec) de 19 bancs, 4 canons, 8 pierriers ; 1 de 20 bancs, 3 canons, 6 pierriers ; 1 de 14 bancs, 2 canons, 6 pierriers ; 1 de 13 bancs, 2 canons, 6 pierriers ; 1 de 10 bancs, 2 canons 4 pierriers ; 1 de 8 bancs, 2 pierriers ; 1 de 7 bancs, 1 pierrier. Total : 17 navires, 100 canons, 127 pierriers.

Année 1738. 2 caravelles : 1 de 24 canons (à la poupe de lion) ; 1 de 16 canons. — 2 gabarres de 8 canons, 8 pierriers. — 1 pinque de 8 canons, 14 pierriers. — 5 chebecs : 1 de 12 canons, 32 pierriers ; 1 de 10 canons, 32 pierriers ; 1 de 6 canons, 14 pierriers ; 1 de 5 canons, 10 pierriers ; 1 de 3 canons, 42 pierriers. — 1 brigantin de 6 canons, 24 pierriers. — 1 tartane de 8 canons, 12 pierriers. — 2 galiotes : 1 de 18 bancs, 4 canons, 16 pierriers ; 1 de 18 bancs, 3 canons, 14 pierriers. — 4 frégates (à rames) : 1 de 18 bancs, 3 canons, 14 pierriers ; 1 de 2 canons, 2 pierriers ; 1 de 9 bancs, 2 pierriers ; 1 de 8 bancs, 4 pierriers. — Total : 18 navires, 126 canons, 248 pierriers.

Année 1739. 2 corvettes : 1 de 18 canons (elle a été démolie en janvier 1740) ; 1 de 16 canons. — 1 caravelle de 16 canons. — 1 gabarre de 8 canons, 8 pierriers. — 1 chebec de 6 canons, 12 pierriers. — 2 brigantins : 1 de 6 canons, 24 pierriers ; 1 de

6 canons, 21 pierriers. — 3 barques (Saëttes) : 1 de 6 canons, 16 pierriers (prise par les Espagnols) ; 1 de 4 canons, 6 pierriers (prise par les Mayorquins, en août 1740); 1 de 4 canons, 16 pierriers (prise par les Mayorquins). — 1 tartane de 4 canons, 12 pierriers (s'est perdue dans le port, le 9 novembre 1740). — 3 galiotes : 1 de 13 bancs, 2 canons, 4 pierriers ; 1 de 12 bancs, 2 canons, 9 pierriers ; 1 de 9 bancs, 4 pierriers. — Total : 14 navires, 98 canons, 132 pierriers.

Année 1740. 1 caravelle de 16 canons. — 3 chebecs : 1 de 10 canons, 32 pierriers; 1 de 8 canons, 54 pierriers (le cheval blanc) ; 1 de 6 canons, 22 pierriers. — 1 brigantin de 6 canons, 24 pierriers (s'est perdu sur les côtes de Bougie). — 1 barque de 14 canons, 8 pierriers (s'est perdue à Marseille, en novembre 1741). — 8 galiotes : 1 de 19 bancs, 3 canons, 12 pierriers ; 1 de 18 bancs, 4 canons, 12 pierriers ; 1 de 18 bancs, 3 canons, 12 pierriers ; 1 de 15 bancs, 2 canons, 12 pierriers ; 1 de 13 bancs, 2 canons, 4 pierriers ; 1 de 11 bancs, 6 pierriers ; 1 de 9 bancs, 2 pierriers ; 1 petite de 6 pierriers. — Total : 14 navires, 74 canons, 206 pierriers.

Année 1741. 2 vaisseaux : 1 percé pour 44 canons et armé de 40 ; 1 de 40 canons. — 2 gabarres : 1 de 12 canons ; 1 de 6 canons et 12 pierriers (elle n'est plus revenue ; on pense qu'elle a été prise par un coursier espagnol d'Oran). — 1 pinque de 2 canons et 8 pierriers. — 1 barque de 18 canons et 12 pierriers (a été prise par les galères de Naples). — 6 chebecs : 1 grand de 12 canons, 24 pierriers ; 1 de 8 canons, 43 pierriers (a été pris à Toulon par une galère d'Espagne, en août 1741); 1 de 8 canons, 54 pierriers ; 1 de 6 canons, 22 pierriers ; 1 de 6 canons, 14 pierriers ; 1 de 5 canons, 10 pierriers. — 6 galiotes : 1 de 19 bancs, 5 canons, 16 pierriers ; 1 de 19 bancs, 4 canons, 16 pierriers ; 1 de 18 bancs, 3 canons, 12 pierriers ; 1 de 13 bancs, 2 canons, 4 pierriers (prise par les Espagnols); 1 de 9 bancs, 2 pierriers ; 1 de 8 bancs, 2 pierriers. — Total : 18 navires, 177 canons, 251 pierriers.

Année 1742. 2 vaisseaux : 1 de 42 canons (s'est perdu à Mahon, le 10 décembre 1742) ; 1 de 40 canons (perdu à Mahon, le 10 décembre 1742). — 1 caravelle de 34 canons et 200 hommes, nommée l'*Aigle*. — 1 gabarre de 8 canons. — 7 chebecs : 1 de 18 canons, 24 pierriers ; 1 de 16 canons, 20 pierriers (coulé à fond par un vaisseau maltais, sur les côtes de Tarare) ; 1 de 10 canons, 16 pierriers ; 1 de 8 canons, 54 pierriers, appelé le *Cheval blanc* ; 1 de 6 canons, 14 pierriers ; 1 de 6 canons, 12 pierriers ; 1 de 4 canons, 12 pierriers. — Total : 11 navires, 192 canons, 152 pierriers.

Année 1743. 4 chebecs : 1 de 14 canons, 18 pierriers ; 1 de 10 canons, 16 pierriers ; 1 de 8 canons, 8 pierriers (coulé bas par un vaisseau maltais, près de terre) ; 1 de 6 canons, 12 pierriers. — 2 galiotes : 1 de 13 bancs, 2 canons, 2 pierriers ; 1 de 9 bancs, 14 pierriers. — Total : 6 navires, 40 canons, 70 pierriers.

— 5 juin 1743. Dépositions relatives à la prise par la caravelle de l'écrivain des chevaux, dans l'Océan, au large du cap Saint-Vincent, du vaisseau français le *Louis-Alexandre*, du Havre-de-Grâce, capitaine Daniel Coste, lequel croyant Salelin ledit corsaire, qui avait arboré en premier lieu les couleurs anglaises, s'efforçait de fuir et même de se défendre, sans comprendre ce qui lui était *crié par différentes personnes et en différentes langues*. Le second a été tué et le capitaine blessé ainsi que 4 matelots. Le chargement fut confisqué et le navire rendu. Parmi les témoins entendus figurent trois esclaves espagnols servant sur le navire capteur, et dont l'un embarqué comme chirurgien.

Année 1744. 6 chebecs : 1 de 24 canons, 26 pierriers ; 1 de 16 canons, 20 pierriers ; 1 de 14 canons, 18 pierriers ; 1 de 10 canons, 16 pierriers ; 1 de 8 canons, 54 pierriers (le cheval blanc) ; 1 de 4 canons, 12 pierriers. — Total : 6 navires, 76 canons, 146 pierriers.

Année 1745. 1 vaisseau de 46 canons, appelé le *Lyon*. — 1 caravelle de 34 canons, appelée l'*Aigle*. — 5 chebecs : 1 de 24 canons, 26 pierriers ; 1 de 16 canons, 20 pierriers ; 1 de 14 canons, 18 pierriers ; 1 de 8 canons, 54 pierriers (le *Cheval blanc*) ; 1 de 8 canons, 16 pierriers. — 1 galiote de 9 bancs, 4 pierriers. — Total : 8 navires, 144 canons, 138 pierriers.

Année 1746. 2 vaisseaux : 1 de 50 canons (la *Gazelle*) ; 1 de 40 canons. — 1 caravelle de 34 canons (l'*Aigle*). — 1 chebec de 8 canons, 16 pierriers. — 3 galiotes : 1 de 18 bancs, 3 canons ;

1 de 17 bancs, 4 canons, 10 pierriers; 1 de 8 bancs, 4 pierriers.
— Total : 7 navires, 139 canons, 30 pierriers.

Année 1747. 1 caravelle de 45 canons. — 3 chebecs : 1 de
16 canons, 20 pierriers ; 1 de 12 canons ; 1 de 8 canons, 16 pierriers. — 3 galiotes : 1 de 18 bancs, 3 canons ; 1 de 11 bancs,
2 canons, 6 pierriers ; 1 de 9 bancs, 4 pierriers. — Total : 7 navire, 86 canons, 46 pierriers.

Année 1748. 3 vaisseaux : 1 de 50 canons (la *Gazelle*) ; 1 de
40 canons (le *Lion*) ; 1 de 40 canons. — 1 caravelle de 34 canons
(l'*Aigle*). — 2 chebecs : 1 de 16 canons ; 1 de 8 canons. — 1 frégate (à rames) de 2 canons, 6 pierriers. Total : 7 navires, 190 canons, 6 pierriers.

Année 1749. 3 vaisseaux : 1 de 50 canons (la Gazelle) ; 1 de
40 canons (le *Lion*) ; 1 de 40 canons. — 1 caravelle de 34 canons
(l'*Aigle*). — 1 corvette de 22 canons. — 4 chebecs : 1 de 16 canons ; 1 de 14 canons ; 1 de 12 canons ; 1 de 8 canons, 16 pierriers. — Total : 9 navires, 236 canons, 16 pierriers.

— Prise par des chebecs algériens du navire de guerre vénitien nommé *Sainte-Trinité-Saint-Jean*, que commandait le capitaine George Taraculli.

— Le 21 octobre 1749, le navire français, la *Marguerite*, de
Vannes, capitaine Nicolas Gervaizeau, allant à la côte de Guinée,
est pris par un vaisseau algérien, par les 40 degrés 40 minutes la-
titude Nord et par les 3 degrés 40 minutes longitude (archives du
consulat.)

Année 1750. 2 vaisseaux : 1 de 58 canons (le *Dantzik*, d'après
un document français) ; 1 de 52 canons (le *Château*; id.). —
1 frégate (à voiles) de 34 canons. — 1 caravelle de 34 canons. —
7 chebecs : 2 de 16 canons ; 1 de 14 canons, 20 pierriers ; 1 de
12 canons, 20 pierriers ; 3 de 12 canons. — 1 galiote de 9 bancs,
10 pierriers. — Total : 12 navires, 272 canons, 50 pierriers.

— 30 juillet 1750. Le brigantin français l'*Union* capitaine
Jacques Anquetil, de Calais, abandonné par son équipage *vers
les parages de Pharo en Portugal à la vue d'un corsaire algérien,
que l'on appréhendait être Saltin, est pris par ledit algérien, lequel, le croyant portugais l'amena à Alger* (archives du consulat).

Année 1751. 4 vaisseaux : 1 de 58 canons (le *Dantzik*), 1 de 52 canons (le *Château*) ; 1 de 40 canons (le *Lion*) ; 1 de 34 canons (l'Aigle). — 1 corvette de 26 canons. — 2 barques (saëttes) de 14 canons. — 2 chebecs : 1 de 16 canons, 6 pierriers ; 1 de 12 canons. — 4 galiotes : 1 de 18 bancs ; 1 de 12 bancs, 2 canons ; 1 de 11 bancs, 4 pierriers ; 1 de 9 bancs, 2 pierriers. — Total : 13 navires, 268 canons, 12 pierriers.

Année 1752. 1 frégate (à voiles) de 34 canons. — 1 corvette de 22 canons, appelée *Matchou* (macho, mulet). — 4 chebecs : 1 de 22 canons ; 1 de 16 canons ; 2 de 14 canons. — 2 galiotes : 1 de 15 bancs, 8 canons, 4 pierriers ; 1 de 18 bancs, 2 canons. — Total : 8 navires, 132 canons, 4 pierriers.

Année 1753. 1 frégate de 34 canons. — 1 corvette de 22 canons. — 4 barques (saëttes) : 1 de 16 canons ; 1 de 14 ; 2 de 12. — 8 chebecs : 2 de 26 canons, neufs ; 1 de 22 ; 2 de 16 ; 3 de 14. — — 1 gabarre de 2 canons, 8 pierriers. — 7 galiotes : 1 de 11 bancs, 2 canons, 6 pierriers ; 1 de 2 canons, 6 pierriers ; 1 de 15 bancs, 2 canons ; 1 de 11 bancs, 4 pierriers ; 2 de 11 bancs, 2 pierriers ; 1 de 8 bancs. — Total : 22 navires, 266 canons, 28 pierriers.

— Le 20 octobre 1753, le vaisseau français l'*Assomption*, capit. Jean-François Prépaud, de la Ciotat, parti de Cadix pour le Levant, fut pris dans le détroit de Gibraltar par un corsaire algérien, venant du cap Spartel. Le capit. Prépaud mourut des suites de la bastonnade que le Dey lui fit administrer pour le punir de s'être défendu. (Archives du consulat).

— 25 octobre 1753. Dépositions relatives à la prise par deux chebecs et un senault algériens, le 21 septembre 1753, à l'E.-S.-E. de Ste-Marie (l'une des Açores), environ 60 lieues, et après un combat où plusieurs Français furent tués ou blessés, du navire français *St-Antoine*, cap. Jean la Fargue, de Bordeaux, parti de cette dite ville pour la Martinique (Archives du consulat).

Année 1754. 7 barques : 2 de 16 canons (dont 1 déclarée ensuite impropre à la navigation) ; 1 de 14 canons ; 3 de 12 canons ; 1 de 10 canons. — 7 chebecs : 3 de 26 canons (dont 2 neufs) ; 1 de 16 canons ; 3 de 14 canons (dont 1 pris sur les Mayorquins). — 8 galiotes : 1 de 16 bancs, 6 canons ; 1 de 18 bancs, 4 canons,

6 pierriers ; 1 de 11 bancs, 2 canons, 2 pierriers ; 1 de 18 bancs, 2 canons ; 1 de 15 bancs, 2 canons ; 1 de 12 bancs, 1 canon, 6 pierriers ; 1 de 12 bancs, 7 pierriers ; 1 de 11 bancs, 2 pierriers. — Total : 22 navires, 245 canons, 23 pierriers.

Année 1755. 2 barques : 1 de 14 canons ; 1 de 12 canons. — 10 chebecs : 4 de 26 canons ; 1 de 22 ; 2 de 16 ; 3 de 14. — 1 gabarre de 10 canons, 8 pierriers (a fait naufrage). — 8 galiotes : 1 de 16 bancs, 6 canons ; 1 en forme de chebec, de 16 bancs, 6 canons ; 2 de 18 bancs, 4 canons, 6 pierriers ; 1 de 18 bancs, 1 canon, 6 pierriers ; 1 de 12 bancs, 1 canon, 6 pierriers ; 1 petite de 10 bancs, 2 canons (cette galiote, prise par les Algériens sur les Ivicéens, s'est brisée à Bab-Azoun, le 20 mai 1755); 1 de 12 bancs, 2 pierriers. — Total : 21 navires, 260 canons, 34 pierriers.

Année 1756. 10 chebecs : 4 de 26 canons ; 2 de 16 canons (dont 1 a été condamné); 3 de 14 canons (1 a fait naufrage à la Calle ; 1 a été pris sur les Espagnols et amené à Alger, le 3 juin 1756); 1 de 8 canons (précédemment de 14). — 8 galiotes : 1 de 16 bancs, 6 canons ; 1 neuve de 14 bancs, 2 canons ; 1 de 18 bancs, 2 canons, 6 pierriers ; 1 de 18 bancs, 2 canons; 1 de 12 bancs, 1 canon, 6 pierriers ; 1 de 12 bancs, 2 pierriers; 1 neuve de 8 bancs, 2 pierriers; 1 de 9 bancs, 2 canons. — Total : 18 navires, 201 canons, 16 pierriers.

Année 1757. 9 chebecs : 4 de 26 canons ; 1 de 20 canons; 1 de 14 canons (démoli ensuite); 2 de 8 canons; 1 de 6. — 1 polacre de 16 canons (armement neuf provenant d'une prise). — 1 barque de 16 canons. — 1 gabarre neuve de 10 canons. — 10 galiotes : 1 de 16 bancs, 6 canons ; 1 neuve, de 15 bancs, 4 canons; 1 de 11 bancs, 2 canons, 4 pierriers ; 1 de 18 bancs, 2 canons, 6 pierriers ; 1 de 16 bancs, 2 canons; 1 de 14 bancs, 2 canons; 1 de 11 bancs, 2 canons ; 2 de 12 bancs, 1 canon, 6 pierriers; 1 de 12 bancs, 2 pierriers. — Total : 22 navires, 224 canons, 24 pierriers.

Année 1758. 1 vaisseau de 48 canons. — 1 caravelle de 46 canons. — 4 chebecs : 3 de 26 canons; 1 neuf de 16 canons. — 4 barques (saëttes) : 2 de 16 canons, 1 de 14 canons, 1 de 10 canons. — 13 galiotes ; 2 de 16 bancs, 6 canons ; 1 de 14 bancs ,

2 canons, 8 pierriers; 1 de 18 bancs, 2 canons, 6 pierriers;
1 de 18 bancs, 2 canons; 1 de 14 bancs, 2 canons; 1 de 12 bancs,
2 canons; 1 de 11 bancs, 2 canons; 1 de 9 bancs, 2 canons; 1 de
12 bancs, 1 canon, 6 pierriers; 1 de 12 bancs, 6 pierriers; 1 de
11 bancs, 2 pierriers; 1 de 8 bancs, 2 pierriers — Total : 23 navires, 271 canons, 30 pierriers.

Année 1759. 1 brick de 20 canons. — 11 chebecs : 2 de 24
canons; 6 de 4 canons; 3 de 2 canons. — 7 barques (saëttes) : 2
de 18 canons; 2 de 16 canons; 1 de 10 canons; 1 de 8 canons;
1 de 6 canons. — 11 galiotes : 1 de 13 bancs, 4 canons; 2 de 14
bancs, 2 canons, 8 pierriers; 2 de 16 bancs, 2 canons, 6 pierriers; 2 de 12 bancs, 2 canons; 1 de 11 bancs, 2 canons; 2 de 9
bancs, 2 canons; 1 de 8 bancs, 2 pierriers. — Total : 30 navires,
212 canons, 30 pierriers.

Année 1760. 2 caravelles de 44 canons. — 2 polacres : 1 de
18 canons; 1 de 16 canons. — 8 chebecs : 1 de 26 canons; 1 de
20; 1 de 14; 2 de 10; 2 de 8; 1 de 4. — 9 barques, : 1 de 16
canons; 1 de 14; 4 de 10; 3 de 6. — 6 galiotes : 2 de 18 bancs,
2 canons; 2 de 12 bancs, 2 canons; 1 de 12 bancs, 2 petits canons; 1 de 11 bancs, 2 petits canons. — Total : 27 navires,
322 canons.

Année 1761. 10 chebecs : 2 de 26 canons; 1 de 14; 4 de 8; 3
de 4 — 11 barques : 3 de 16 canons; 2 de 14; 3 de 12; 2 de 10;
1 de 8. — 1 tartane de 6 canons — 1 brigantin de 4 canons. —
4 galiotes : 1 de 18 bancs, 2 canons; 1 de 9 bancs, 2 canons; 1
de 12 bancs, 2 petits canons; 1 de 11 bancs, 2 petits canons. —
Total : 27 navires, 268 canons.

Année 1762. 2 vaisseaux de 52 canons. — 1 caravelle de 20
canons (prise napolitaine). — 1 brick de 16 canons (prise espagnole). — — 18 chebecs : 3 de 26 canons; 1 de 24; 2 de 16 canons (dont l'un lancé à l'eau à Alger, en 1762); 3 de 10; 3 de 8;
(dont 1 construit à Alger, en 1762); 2 de 6; 4 de 4 canons (dont
1 provenant de prise maltaise). — 15 barques (saëttes) : 3 de 16
canons; 3 de 14; 3 de 12; 3 de 10; 3 de 8. — 2 pinques : 1 de
10 canons (« Cette pinque, construite à Marseille, commandée
« par Chabroi, a été prise par Pascal Scareriche, corsaire anglais,
« conduite ici, vendue aux enchères et achettée par le Dey, qui

» en a fait un armement pour son fils. »); 1 de 6 canons, ci-devant tartane. — 4 brigantins : 2 de 6 canons; 2 de 4. — 4 galiotes : 1 de 12 bancs, 2 canons; 2 de 11 bancs, 2 canons; 1 de 12 bancs. — Total : 47 navires, 578 canons.

— 21 juin 1762. Le consul certifie qu'au commencement de mars précédent, le raïs Abdraman, commandant une barque appartenant à Ali Pacha, Dey d'Alger, conduisit en ce port un bâtiment portugais nommé *Nostra-Senora de la Paz*, dont il s'était emparé à la hauteur de Lisbonne, 60 milles en mer.

Année 1763. 3 caravelles : 1 de 28 canons; 1 de 24; 1 de 20. — 13 chebecs : 1 de 32 canons (fait à Alger, en 1763); 3 de 26 canons; 2 de 24; 2 de 16; 1 de 8; 2 de 6; 2 de 4 (dont 1 est une prise maltaise). — 5 barques : 3 de 16 canons; 1 de 8; 1 de 4. — 5 galiotes : 1 de 18 bancs, 2 canons; 1 de 12 bancs, 2 canons; 1 de 11 bancs, 2 canons; 1 de 12 bancs, 1 canon, 4 pierriers; 1 de 12 bancs. — Total : 26 navires, 357 canons; 4 pierriers. (Il y a de plus 5 navires marchands, savoir : 2 pinques, 1 polacre, 1 barque, 1 tartane).

— 30 juin 1763. Déclaration au sujet de la prise par un chebec algérien, le 17 du dit mois, dans l'Océan, par 35 degrés 50 minutes de latitude nord et 9 degrés 10 minutes longitude méridien de Ténériffe, de la polacre française le *St-Antoine*, capit. Jean-Etienne Garcin, de la Ciotat, partie de St-Domingue pour Marseille avec un chargement de café, indigo et cuirs, laquelle croyant ce chebec saletin s'est défendue et a été enlevée à l'abordage après un combat de 3 heures et 1|2. Le navire fut pillé et *l'équipage maltraité à coups de cordes, de sabre, tant du tranchant que du plat, à coups de poings et soufflets.* (Archives du consulat).

Année 1764. 5 chebecs : 1 de 10 canons; 2 de 8; 2 de 6. — 1 barque de 8 canons. — 4 galiotes : 1 de 15 bancs, 3 canons (demi-galère construite à Alger, en 1764); 1 de 18 bancs, 2 canons; 1 de 11 bancs, 2 canons; 1 de 8 bancs, 8 tromblons. — Total : 10 navires, 53 canons.

Année 1765. 1 vaisseau de 52 canons. — 2 caravelles : 1 de 32 canons; 1 de 24. — 12 chebecs : 2 de 32 canons (dont 1 construit à Alger en 1765); 1 de 26; 2 de 24; 1 de 16; 3 de 10 (le passeport délivré par le consul de France pour l'un de ces chebecs,

le 12 septembre 1765, porte que « Mohammed raïs en a été
« nommé commandant en remplacement de Hassan raïs, mort au
« combat livré à la demi-galère d'Espagne prise par le dit che-
« bec. »); 1 de 8 canons; 2 de 6. — 5 barques (saëttes) : 3 de
8 canons; 1 de 6 (neuve); 1 de 4. — 3 galiotes : 2 de 11 bancs,
2 canons (dont 1 neuve); 1 de 8 bancs, 2 pierriers. — 1 felouque de 10 bancs, 2 canons (prise napolitaine). — Total : 24
navires, 352 canons, 2 pierriers.

— 12 novembre 1765. Le capitaine Joseph Grau, commandant le brigantin catalan *Nostra Senora de Monserate,* déclare
que faisant route des Canaries pour Cadix, il a été pris, le 12
juin 1764, à 50 lieues du cap Saint-Vincent, par un corsaire
de la régence d'Alger appelé le *Saint-André* (sic).

Année 1766. 1 caravelle de 24 canons. — 6 chebecs : 1 de 30
canons (neuf); 1 de 22 (neuf); 1 de 20 (neuf); 1 de 16; 1 de 14
(appelé *Serdouk el-Mersa,* le coq du port); 1 de 6 (neuf). — 1 petit chebec de 11 bancs, 2 canons. — 1 polacre de 6 canons. —
1 barque de 8 canons. — 1 brigantin de 4 canons (felouque
napolitaine allongée). — 3 galiotes : 1 de 12 bancs, 2 canons
(neuve); 2 de 11 bancs, 2 canons. — Total : 14 navires, 158
canons.

Année 1767. 1 vaisseau de 52 canons. — 3 caravelles : 2 de
32 canons; 1 de 24. — 7 chebecs : 1 de 24 canons; 1 de 22
(neuf); 2 de 20 ; 1 de 8 (c'est une prise); 2 de 4. — 5 barques
(saëttes) : 2 de 20 canons; 2 de 10; 1 de 8. — 5 galiotes : 2
de 12 bancs, 2 canons; 3 de 11 bancs, 2 canons (dont 1 neuve).
— Total : 21 navires, 320 canons.

Année 1768. 1 caravelle de 42 canons. — 12 chebecs : 1 de
30 canons; 1 de 24; 2 de 22 ; 2 de 20 ; 1 de 16 ; 2 de 14; 2
de 12; 1 de 10. (D'après un document indigène, l'un des chebecs s'appelait *el R'oul,* la goule, l'esprit lutin, et le grand
chebec a été pris). — 1 barque de 20 canons. — 4 galiotes : 1
de 15 bancs, 2 canons; 3 de 11 bancs, 2 canons. — Total : 18
navires, 286 canons.

— 23 janvier 1768. Le capitaine Roux, ci-devant commandant
la tartane la *Vierge-de-Grâce,* déclare que faisant route pour
Carthagène, il aurait été rencontré, le 15 décembre 1767, par

un corsaire algérien, qu'il lui aurait fait *signal de fumée* et d'un coup de canon ; qu'il se serait rendu tout de suite à bord du dit corsaire dont le raïs l'aurait reçu avec des coups et toute sorte de mauvais traitements, sans vouloir examiner ses expéditions ; *que le dit raïs le retint pour qu'il eut à le piloter jusqu'à ce qu'il eut passé le détroit de Gibraltar, lui ordonnant de se faire suivre par sa tartane ;* qu'ayant donné ses ordres en conséquence à son second de ne point se séparer du corsaire, celui-ci l'aurait exécuté jusqu'à la nuit du 19 au 20, que le mauvais temps l'obligea à prendre sa bordée à terre, le corsaire, qui était un gros bâtiment, la tenant ou large ; que sur cette séparation le raïs du corsaire voulait lui faire donner la bastonnade, mais que la *taïffe* (le détachement de janissaires) s'y opposa.

Année 1769. 6 chebecs : 1 de 30 canons ; 1 de 24 ; 2 de 22 ; 1 de 16 ; 1 de 14. — 3 barques : 1 de 20 canons ; 2 de 10 canons. — 6 galiotes : 1 de 14 bancs, 6 canons ; 2 de 13 bancs, 4 canons ; 2 de 18 bancs, 2 canons ; 1 de 15 bancs, 4 pierriers. — Total : 15 navires, 186 canons, 4 pierriers.

Année 1770. 1 caravelle de 42 canons. — 5 chebecs : 3 de 22 canons ; 2 de 10. — 2 barques : 1 de 32 canons ; 1 de 20. — 1 senaut de 4 canons. — 4 galiotes : 2 de 13 bancs, 4 canons ; 1 de 13 bancs, 2 canons ; 1 de 12 bancs, 2 canons. — Total : 13 navires, 196 canons.

Année 1771. 5 galiotes : 1 de 13 bancs, 4 canons ; 1 de 18 bancs, 3 canons, 4 pierriers (demi-galère) ; 1 de 13 bancs, 2 canons ; 2 de 12 bancs, 2 canons. — Total : 5 navires, 13 canons, 4 pierriers.

Année 1772. 2 chebecs : 1 de 32 canons ; 1 de 16. — 5 galiotes : 1 de 18 bancs, 7 canons (demi-galère) ; 1 de 18 bancs, 3 canons, 4 pierriers (demi-galère) ; 2 de 13 bancs, 2 canons ; 1 de 12 bancs, 2 canons. — Total : 7 navires, 64 canons, 4 pierriers.

Année 1773. 2 chebecs : 1 de 16 canons ; 1 de 10 canons (d'après des documents indigènes, 1 chebec s'est perdu sous la caserne Makaroun, aujourd'hui magasin de la pharmacie centrale, rue Macaron). — 2 barques : 1 de 20 canons ; 1 de 10. — 4 galiotes : 1 de 18 bancs, 7 canons (demi-galère) ; 1 de 18 bancs, 3 canons, 4 pierriers (demi-galère) ; 1 de 14 bancs, 2 canons ; 1 de

11 bancs, 2 canons. — Total : 8 navires, 70 canons, 4 pierriers.

Année 1774. 2 caravelles (leur armement n'est pas indiqué) — 5 chebecs : 3 de 32 canons ; 2 de 10. — 3 barques : 1 de 20 canons, 2 de 10. — 5 galiotes : 1 de 18 bancs, 7 canons (demi-galère) ; 1 de 18 bancs, 3 canons, 4 pierriers (demi-galère) ; 1 de 14 bancs, 2 canons ; 1 de 11 bancs, 2 canons : 1 de 9 bancs, 1 canon. — Total : 15 navires, 171 canons, 4 pierriers.

— Le 26 octobre 1774. Prise d'un chebec de guerre espagnol, par un chebec algérien.

Année 1775. 6 chebecs : 1 de 18 canons ; 5 dont l'armement n'est pas indiqué. — 1 barque de 20 canons. 2 galiotes : armemement non indiqué. — Total : 9 navires, 38 canons.

Année 1776. 5 chebecs : 2 de 32 canons ; 1 de 18 canons ; 2 de 10 canons. — 2 barques : 1 de 32 canons ; 1 de 10. — 12 galiotes : 1 de 18 bancs, 7 canons (demi-galère) ; 2 de 18 bancs, 5 canons (demi-galères) ; 1 de 18 bancs, 3 canons, 4 pierriers (demi-galère) ; 2 de 14 bancs, 2 canons ; 1 de 13 bancs, 2 canons ; 2 de 11 bancs, 2 canons ; 1 de 8 bancs, 2 canons ; 2 de 13 bancs, 1 canon. — Total : 19 navires, 178 canons, 4 pierriers.

— Le 6 septembre 1776, Prise d'une gabarre de guerre espagnole par une barque de 20 canons et un chebec de 18 canons.

Année 1777. 4 chebecs : 3 de 18 canons ; 1 de 10. — 2 barques (saëtes) : 1 de 32 canons ; 1 de 10. — 1 pinque de 7 canons. — 8 galiotes : 1 de 18 bancs, 7 canons (demi-galère) ; 2 de 19 bancs, 5 canons (demi-galères) ; 1 de 18 bancs, 3 canons, 4 pierriers (demi-galère) ; 1 de 14 bancs. 2 canons ; 1 de 13 bancs, 2 canons ; 1 de 11 bancs, 2 canons ; 1 de 10 bancs, 8 tromblons. — Total : 15 navires, 139 canons, 4 pierriers, 8 tromblons.

— Le 11 avril 1777, prise par une saëtte algérienne du pinque de guerre napolitain la *Très-Sainte-Conception et Saint-Ferdinand*, de 18 canons, que commandait Don Stefano Berlingero. Les archives du consulat renferment sur cet évènement une pièce en italien que je traduis ainsi :

« Nous, soussignés, attestons et certifions que le vingt-six avril mil sept-cent soixante-dix-sept, entra dans ce port d'Alger le pinque royal de Naples, de dix-huit pièces de canon, nommé la S^{me}

Concepzioné e S. Ferdinando (la Très-Sainte Conception et Saint-Ferdinand), commandé par don Stefano Berlingero, et que nous étant informés, les jours suivants, auprès de l'équipage dudit pinque, et particulièrement auprès de l'officier du régiment de Macédoine don Andrea Bezichi, du comptable don Vicenzo Pollicino, dn prêtre don Tomaso Movaro et des autres officiers mariniers, piloté, maître d'équipage, gardien, chirurgien, *prudert* (1) et marins, ils nous ont fait le récit suivant :

« Le onzième jour d'avril de ladite année mil sept cent-soixante-dix-sept, comme on se retrouvait dans les eaux du canal de Malte, le matin, vers la quatorzième heure, l'enseigne Giarusso, embarqué sur ledit pinque comme lieutenant, remit la garde au susdit commandant afin de récupérer le sommeil perdu de trois nuits entières de mauvais temps, car il n'y avait pas d'autre officier de marine et on ne pouvait, par un temps douteux, se fier au commandant, attendu que celui-ci n'avait aucune expérience de la navigation. Alors, il faisait jour et le temps était maniable ; ledit Giarusso alla se reposer. A cet instant, Pierre Marino, *prudero* qui était de vigie dans la hune du trinquet, aperçut un navire qui restait au Sud 1/4 S.-E., et il le dit au commandant, lequel voulant le reconnaître et diminuer autant que possible la distance entre les deux bâtiments, l'homme qui venait de prendre la vigie, lui dit que les allures du navire (aperçu), étaient celles d'un corsaire. Le commandant regarda avec la longue-vue et dit qu'il était français, qu'il venait du Levant et qu'il allait dans l'Ouest. La distance ayant encore diminué, les pruderi firent observer de nouveau au commandant que c'était un bâtiment corsaire. Mais ils furent repoussés par lui avec injures, et il ordonna au maître canonnier de faire *une fumée* (2), ce que celui-ci exécuta immédiatement. Alors, il fit hisser la royale bannière de S. M. Sicilienne, et ledit navire arbora bannière française. Comme celui-ci s'était encore plus rapproché, de manière que l'on voyait les sabords parfaitement fermés, un autre prudero, Pietro Salomono, qui avait pris la garde et qui se trouvait dans la hune du trinquet,

---

(1) Ce mot se trouve pas dans le lexique.
(2) Signal fait au moyen d'une petite quantité de poudre brûlée en plein air. Cela s'appelait aussi *brûler une amorce*.

descendit auprès du commandant, sur la dunette, et lui dit :
« Monsieur, le bâtiment est un corsaire. » Le commandant
donna l'ordre de mettre en batterie les deux canons de proue,
sans prendre d'autres dispositions, continuant à rester appuyé sur
le dos ; tous les autres canons étaient amarrés en dedans, les
mantelets abaissés, et la moitié de l'équipage prenait du repos :
à tel point que le comptable don Vicenzo Pollecino fit cette obser-
vation : « au moins, commandant, faites venir au lof, afin de ne
pas perdre l'avantage d'être au vent. » Voyant que le commandant
persistait dans son obstination, ledit Pietro Salamone descendit
réveiller l'enseigne Giarusso, lequel s'étant levé de suite, examina le bâtiment et le reconnut pour un corsaire barbaresque ; il
ordonna immédiatement de faire le branle-bas et de mettre l'ar-
tillerie dehors, et plaça sur la dunette la troupe avec son officier
don Andrea Bezichi. Malgré cela, le commandant ne voulait pas,
disant que c'était un Français. Pendant ce temps-là, le navire
ennemi passa sous le vent du pinque royal, à une portée de pis-
tolet, sans avoir pu donner la première bordée. Mais après avoir
doublé le pinque à poupe il réussit à virer de bord, amena le pavillon français, hissa le pavillon algérien, mit en batterie trente-
six pièces de canon et vint droit à la poupe pour l'abordage ; par la
rapidité de sa marche, l'Algérien se mit au vent. L'enseigne Giarusso voyant cela et l'état du pinque sur lequel nulle disposition
n'avait été prise pour le combat et dont la voile latine avait été
amenée pendant qu'il reposait, monta sur la dunette, prit le commandant par la poitrine, en présence du lieutenant Bezichi
et d'autres, d'après ce qu'on raconte, et, l'épée à la main, lui
dit : « Eh bien, monsieur le commandant, je me suis mis un peu
« à dormir ; et parceque je n'étais pas de service, vous me menez
« ainsi sous l'ennemi ! » Avec une figure cadavéreuse, il répondit :
« L'homme de vigie m'a trompé. » Malgré cela, ledit Giurusso
l'encouragea ainsi que tout l'équipage et faisant crier trois fois
vive Marie, il ordonna de commencer le feu sur l'ennemi. En outre, ledit Giarusso fit amener l'embarcation qui était à la poupe,
afin de donner plus de marche au pinque, chacun continuant à
faire son devoir contre l'ennemi. Mais tout fut inutile parce que
le pinque ne marchait pas, et le susdit bâtiment, qui était une

saëtte (barque), aborda promptement le pinque par l'arrière, où
la défense fut prolongée le plus possible. Il fallut céder à la force
et à la supériorité de l'ennemi, toute autre défense étant impossi-
ble parce que rien n'avait été préparé. De plus, on dit que si
l'enseigne Giarusso eût été réveillé tout d'abord, nous n'aurions
peut-être pas été pris, tant à cause de l'expérience qu'il avait de
la navigation que de la présence d'esprit qu'il a montrée et des
bonnes dispositions (qu'il a ordonnées) dans cette surprise.

Tels sont les raisonnements, dires et paroles que nous avons
entendus de la bouche des susdits officiers déjà nommés et de l'é-
quipage, Et pour être la vérité telle nous avons signé la présente.

Alger, 1er septembre 1777.

(Suivent les signatures).

Année 1778. 3 chebecs : 1 de 18 canons; 2 de 10. — 8 barques
(saëttes) : 1 de 34 canons; 2 de 32; 2 de 24; 1 de 18; 2 de 10.
— 7 galiotes : 1 de 18 bancs, 7 canons; 2 de 19 bancs, 5 canons;
1 de 18 bancs, 3 canons, 4 pierriers; 2 de 13 bancs, 2 canons; 1
de 11 bancs, 2 canons. — Total : 18 navires, 248 canons, 4 pierriers.

— Prise d'un bateau de guerre espagnol.

Année 1779. 2 chebecs : 1 de 18 canons; 1 de 10. — 11 barques : 1 de 34 canons; 2 de 32; 1 de 24; 2 de 22; 2 de 18; 3
de 10. — 6 galiotes : 2 de 19 bancs, 5 canons (demi-galères); 1 de
11 bancs, 4 canons; 1 de 13 bancs, 2 canons; 2 de 11 bancs, 2
canons. — Total : 19 navires, 280 canons.

Année 1780. 9 chebecs : 4 de 18 canons; 1 de 14; 1 de 10; 1
de 14 bancs, 6 canons; 2 de 4 canons. — 10 barques (saëttes) : 1
de 30 canons; 1 de 28; 2 de 26; 2 de 22; 1 de 20 (neuve); 1 de
18; 1 de 16 (neuve); 1 de 10. — 9 galiotes : 1 de 18 bancs, 7 canons (demi-galère); 2 de 19 bancs, 5 canons (demi-galères); 1 de
14 bancs, 4 canons; 1 de 18 bancs, 3 canons, 4 pierriers; 2 de
13 bancs, 2 canons; 1 de 12 bancs, 2 canons; 1 de 11 bancs, 2
canons. — Total : 28 navires, 360 canons, 4 pierriers.

Année 1781. 4 chebecs : 1 de 18 canons; 2 de 14 bancs, 4
canons; 1 de 4 canons. — 8 barques : 1 de 30 canons; 1 de 28;
1 de 26; 2 de 22; 2 de 18; 1 de 10. — 4 galiotes : 1 de 14 bancs,

4 canons ; 2 de 13 bancs, 2 canons ; 1 de 12 bancs, 2 canons. — Total : 16 navires, 214 canons.

Année 1782. 7 chebecs : 1 de 34 canons ; 2 de 24 ; 2 de 18 ; 1 de 10 ; 1 de 14 bancs, 4 canons. — 10 barques : 3 de 30 canons ; 2 de 28 ; 1 de 26 ; 2 de 22 ; 1 de 18 ; 1 de 10. — 2 felouques de 10 bancs, 6 canons. — 4 galiotes : 2 de 14 bancs, 4 canons ; 2 de 13 bancs, 2 canons. — Total : 23 navires, 400 canons.

Année 1783. 6 chebecs : 1 de 34 canons ; 2 de 24 ; 1 de 18 ; 2 de 14 bancs, 4 canons. — 6 barques : 1 de 30 canons ; 1 de 28 ; 1 de 26 ; 1 de 24 ; 1 de 22 ; 1 de 18. — 1 felouque de 10 bancs, 6 canons. — 6 galiotes : 2 de 19 bancs, 5 canons (demi-galères) ; 2 de 14 bancs, 4 canons ; 1 de 14 bancs, 2 canons ; 1 de 13 bancs, 2 canons. — Total : 19 navires, 284 canons.

Année 1784. 4 chebecs : 1 de 34 canons ; 1 de 24 canons ; 1 de 18 ; 1 de 14 bancs, 4 canons. — 6 barques : 1 de 30 canons ; 1 de 28 ; 1 de 26 ; 1 de 24 ; 1 de 22 ; 1 de 18. — 1 felouque de 10 bancs, 6 canons. — 2 galiotes : 1 de 14 bancs et 4 canons ; 1 de 13 bancs, 2 canons. — Total : 13 navires, 240 canons.

Année 1785. 7 chebecs : 1 de 34 canons ; 2 de 24 ; 2 de 18 ; 2 de 4. — 10 barques (saëttes) : 2 de 30 canons ; 2 de 28 ; 1 de 26, 2 de 24 ; 2 de 22 ; 1 de 18. — 5 galiotes : 1 de 14 bancs, 4 canons ; 1 de 14 bancs, 2 canons ; 2 de 13 bancs, 2 canons ; 1 de 9 bancs, 2 canons. — Total : 22 navires, 390 canons.

Année 1786. 7 chebecs : 1 de 34 canons ; 2 de 24 ; 2 de 18 ; 2 de 4. — 6 barques : 1 de 30 canons ; 1 de 28 ; 1 de 26 ; 1 de 24 ; 1 de 22 ; 1 de 18. — 5 galiotes : 3 de 14 bancs, 4 canons ; 2 de 13 bancs, 2 canons. — Total : 18 navires, 290 canons ; plus, 2 chaloupes canonnières et 1 bombarde, parties d'Alger à destination de Tunis, le 16 février.

La goëlette portugaise *Nostra Segnora d'Acabo Piedade*, est capturée en vue du cap Saint-Vincent, par deux corsaires algériens.

Année 1787. 4 chebecs : 1 de 34 canons ; 1 de 24 ; 1 de 16 (neuf) : 1 de 4. — 6 barques : 1 de 30 canons ; 1 de 28 ; 1 de 26 ; 1 de 24 ; 1 de 22 ; 1 de 18. — 3 galiotes : 2 de 14 bancs, 4 canons (dont 1 neuve) ; 1 de 13 bancs, 2 canons. — Total : 13 navires, 36 canons.

411

Année 1788. 6 chebecs : 1 de 34 canons; 1 de 24 ; 2 de 16 ; 2
de 4. — 7 barques : 1 de 30 canons; 1 de 28; 2 de 26 ; 1 de 24 ;
1 de 22 ; 1 de 18. — 4 galiotes : 2 de 14 bancs, 4 canons; 2 de 13
bancs, 2 canons. — Total : 17 navires, 284 canons.

Année 1789. 4 chebecs : 1 de 34 canons; 1 de 16 (neuf); 2 de
4. — 6 barques : 2 de 30 canons; 2 de 28; 1 de 26 ; 1 de 24. —
2 galiotes : 1 de 14 bancs, 4 canons; 1 de 13 bancs, 2 canons. —
Total : 12 navires, 230 canons.

— 30 juillet 1789. Le capitaine Jean-Charles Riouffe, de Can-
nes, commandant le brigantin le *Commissionnaire*, de Marseille,
parti de St-Pierre, de la Martinique, dépose... que sur le cap
Spartel il aurait été visité par une escadre barbaresque composée
de cinq galiotes, dont le commandant aurait trouvé ses expéditions justes et lui aurait demandé un peu de café et de sucre, que
le déposant lui a tout de suite donné... (Archives du consulat).

Année 1790. 1 chebec de 4 canons. — 1 barque de 26 canons
— 2 galiotes : 1 de 14 bancs, 4 canons; 1 de 13 bancs, 2 canons.
— Total : 4 navires, 36 canons.

Année 1791. 1 frégate de 44 canons (bâtiment neuf, construit
à Alger, en 1791, par un maître espagnol). — 1 corvette de 30
canons (construite à Toulon, en 1788). — 2 chebecs : 1 de 16 canons (neuf; reconstruit à Alger en 1790, ayant été commencé à
Bougie); 1 de 4 canons. — 3 galiotes : 1 de 14 bancs, 4 canons; 1
de 13 bancs, 2 canons; 1 de 8 bancs, 2 pierriers. — Total : 7 navires, 100 canons, 2 pierriers.

Année 1792. 3 frégates : 2 de 44 canons; 1 de 38 canons, dite
El Merikana, l'Américaine. — 2 corvettes de 30 canons. — 3
chebecs : 1 de 34 canons; 1 de 26 canons (neuf); 1 de 16. — 2
barques de 32 canons. — Total : 10 navires, 326 canons.

— La Régence envoya à l'escadre ottomane une division de
cinq navires.

— 27 octobre 1792. Déposition au sujet de l'arrestation par
une flotte algérienne de 3 frégates et 2 chebecs, du vaisseau le
Mars, capitaine Bourdon, venant du cap Français et allant à
Marseille. «...le capitaine s'étant rendu à bord d'un des chebecs,
le raïs le reçut à l'algérienne en le traitant de chien, en lui disant qu'il serait bien maître de lui donner la bastonnade... Le

passeport fut trouvé juste, mais le raïs en montra un second qui était nouvellement décrété par l'assemblée nationale; le capitaine lui démontra l'impossibilité de lui en exhiber un pareil, attendu qu'il manquait de Marseille depuis huit mois. Le raïs ayant goûté ces raisons, *prit le passeport et lui jeta sur la figure en l'accompagnant avec quelque douceur algérienne et renvoya le canot pour lui aller chercher du sucre et du café...* Cependant, le commandant de l'escadre ayant réuni sur son bord les autres capitaines, le conseil examina de nouveau le passeport et décida que le *Mars* serait conduit à Alger, où le Dey jugerait la question.

Année 1793. 3 frégates : 2 de 44 canons; 1 de 38. — 4 corvettes de 30 canons (1 venant du Levant, 1 de construction anglaise et 1 de construction française). — 2 bricks de 22 canons. — 1 polacre de 18 canons (prise génoise). — 4 chebecs : 1 de 24 canons (c'est l'un des deux chebecs revenus de France; il avait précédemment 26 canons); 1 de 18 canons; 1 de 12; 1 de 10 (c'est l'autre des deux chebecs revenus de France; il avait 16 canons). — 4 galiotes de 2 pierriers, appartenant au Bey de Mascara. — Total : 18 navires, 372 canons, 8 pierriers.

Année 1794. 3 frégates : 2 de 44 canons; 1 de 38, dite l'*Américaine.* — 2 corvettes de 30 canons. — 3 bricks de 22 canons (1 appartenant à la fille du Dey; s'est perdu à Carthagène). — 2 polacres de 18 canons. — 6 chebecs : 1 de 24; 2 de 18 (dont 1 neuf, construit à Bougie); 2 de 12; 1 de 4. — 4 galiotes : 2 de 12 paires de rames, appartenant au Bey de Constantine; 2 du Ponant. — Total : 20 navires, 376 canons.

Année 1795. 1 frégate de 44 canons. — 4 corvettes de 30 canons. — 1 brick de 22 canons (s'est perdu). — 3 chebecs : 1 de 24 canons; 2 de 18. — 1 galiote de 12 paires de rames. — Total : 10 navires, 246 canons.

Année 1796. 1 frégate de 44 canons. — 5 corvettes de 30 canons. — 12 chebecs : 6 de 24 canons (dont 2 neufs); 2 de 18; 2 de 10; 2 de 6. — 1 corsaire (?) appelé la *Morticana* (?), de 4 canons, appartenant au Bey d'Oran. — 4 galiotes : 1 de 26 rames, 5 canons (demi-galère, au Bey du Ponant); 1 de 26 rames, 3 canons (neuve, au Dey); 2 de 12 paires de rames. Total : 23 navires, 418 canons.

— Prise d'un navire de guerre vénitien par deux corvettes de 30.

Année 1797. 1 frégate de 36 canons, nommée *El-Merikana*, l'américaine. — 2 corvettes de 30 canons. — 7 chebecs : 3 de 24 canons ; 1 de 18 ; 1 de 16 ; 1 de 10 ; 1 de 6 (au Dey). — 1 cutter de 16 canons (au Dey). — 2 corsaires (?) : 1 de 16 ; 1 de 6. — Total : 13 navires, 256 canons

Prise d'un brick de guerre de 32 canons.

Année 1798. 2 frégates de 36 canons. — 3 corvettes : 2 de 30 ; 1 de 26. — 4 polacres : 1 de 22 canons ; 1 de 18 ; 1 de 16 ; 1 de 6. — 2 goëlettes de 12 canons. — 1 cutter de 16. — 11 chebecs : 2 de 34 canons ; 2 de 24 ; 3 de 18 ; 1 de 16 ; 1 de 10 ; 2 de 6. — 2 corsaires (?) : 1 de 6 canons ; 1 de 4. — 1 demi-galère de 17 paires de rames et 5 canons. — 1 barque à trois-mâts, de 4 canons, au Bey d'Oran. — Total : 27 navires, 487 canons (plus, deux barques sans canons).

Année 1799. 2 frégates de 36 canons, dont 1 appelée *El-Merikana*. — 4 polacres : 2 de 22 canons ; 1 de 18 ; 1 de 6. — 1 brick de 22 canons. — 6 chebecs : 1 de 34 canons ; 2 de 32 ; 1 de 18, 1 de 16 ; 1 de 10 canons appelé *Kirlankotch*. — 2 goëlettes de 12 canons. — Total : 15 navires, 328 canons.

— Prise de deux navires de guerre portugais par le chebec de 34 canons.

Année 1800. 2 frégates de 36 canons (dont 1 nommée l'*Américaine*). — 1 brick de 22 canons. — 4 polacres ; 2 de 22 canons ; 1 de 18 ; 1 de 6. — 2 goëlettes : 1 de 16, 1 de 12. — 6 chebecs : 1 de 34 canons ; 2 de 32 ; 1 de 18 ; 1 de 16 ; 1 de 10, appelé *Kirlankotch*. — 1 demi-galère de 3 canons. — Total : 16 navires, 335 canons.

Année 1801. 1 frégate de 36 canons, dite l'*Américaine*. — 1 brick de 22 canons. — 2 chebecs : 1 de 32 canons ; 1 de 10. — 1 galiote. — Total : 5 navires, 100 canons.

Année 1802. 4 frégates : 1 de 46 canons ; 1 de 44 canons (elle a été prise sur les Portugais, le 8 mars 1802, par le célèbre raïs Hamidou, montant une frégate de 44 canons. Ce navire s'appelait le *Cygne*, et les Algériens lui donnèrent le nom d'*El-Portekiza*, la Portugaise) ; 2 de 36 canons, dont 1 dit l'*Américaine*. — 1 brick de 22 canons. — 3 polacres : 1 de 22 canons : 1 de 18 ; 1 de 8 canons, à trois-mâts. — 3 goëlettes : 1 de 20 canons ; 1 de 18 ; 1 de 16. — 6 chebecs : 2 de 32 canons ; 1 de 28 ; 2 de 24 ; 1 de 10, appelé *Kirlanketch* (mis au rebut). — 2 demi-galères de 12 bancs, l'une de 4 canons et l'autre de 3 (appartenant au Bey de Constantine). — 1 felouque de 8 bancs et 2 canons (au même). — Total : 20 navires, 415 canons.

Année 1803. 3 frégates : 1 de 46 canons ; 1 de 44 ; 1 de 36 (l'*Américaine*). — 7 chebecs : 2 de 32 canons ; 1 de 28 ; 2 de 24 (dont 1 a été pris par un vaisseau portugais de 74 canons) ; 2 de 18 (dont 1 neuf). — 1 brick de 22 canons. — 2 goëlettes : 1 de 18 canons ; 1 de 16. — 4 polacres : 1 de 22 canons ; 1 de 18 ; 1 de 8 canons, à trois-mâts ; 1 de 4, à trois-mâts. — Total : 17 navires, 410 canons.

Année 1804. 2 frégates : 1 de 44 canons ; 1 de 36 canons, appelée l'*Américaine*. — 2 bricks de 22. — 1 goëlette de 18. — 1 polacre de 22. — 4 chebecs : 2 de 32 canons ; 1 de 28 ; 1 de 24. — Total 10 navires, 280 canons.

Année 1805. 3 frégates : 1 de 46 canons ; 1 de 44 ; 1 de 36. — 1 brick de 22 canons. — 2 polacres : 1 de 22 canons ; 1 de 18 ; — 1 goëlette de 16 canons. — 3 chebeks : 1 de 32 canons ; 1 de 28 ; 1 de 8. — Total : 10 navires, 282 canons.

Année 1806. 3 frégates : 1 de 50 canons (neuve) ; 1 de 46 ; 1 de 44. — 2 polacres : 1 de 22 ; 1 de 6. — 1 goëlette de 16. — 5 chebecs : 1 de 32 canons ; 1 de 28 ; 2 de 6 ; 1 de 4. — 1 pinque de 4 canons. — 1 bateau de 2 canons. — 2 felouques de 1 canon. Total : 15 navires, 268 canons.

Année 1807. 3 frégates : 1 de 50 canons ; 1 de 46 ; 1 de 44. 2 polacres : 1 de 18 canons ; 1 à trois-mâts, sans canons. — 2 chebecs : 1 de 32 canons ; 1 de 20. — 1 bateau à voiles latines, de 4 canons. — 1 spéronade à 1 mât, de 2 canons. — 5 chaloupes canonnières, à 1 mât et 1 canon (allant sur la côte de Tunis pour le service de la Régence). — 5 chaloupes canonnières ou bombardières, à 1 mât. — Total : 9 navires, 10 chaloupes canonnières, 221 canons.

Année 1808. 3 frégates : 1 de 50 canons ; 1 de 46 ; 1 de 44. — 6 polacres : 1 de 22 canons ; 1 de 18 ; 1 de 16 ; 1 de 14 ; 1 de 10 ;

1 de 4. — 7 chebecs : 1 de 32 canons ; 1 de 28 ; 1 de 22 ; 1 de
20 ; 1 de 16 ; 1 de 14 ; 1 de 12. — 2 bâtiments à voiles latines,
de 4 canons. — 1 yacht expédié en courrier sur la côte d'Espagne. — 1 yacht marchand. — Total : 20 navires, 376 canons. Plus.
1° 10 chaloupes canonnières ou bombardières, mâtées pour un
trajet de mer et pontées ; 2° une cinquantaine de chaloupes canonnières ou bombardières pour opposer à une attaque contre la
ville ; 3° 2 galiotes de 2 canons, pour la garde du port.

Année 1809. 2 frégates : 1 de 50 canons ; 1 de 44. — 2 polacres : 1 de 16 canons ; 1 de 10, à trois-mâts. — 3 chebecs : 1 de
26 canons ; 1 de 14 ; 1 de 4. — 1 corvette marchande, de 4 canons. — Total : 8 navires, 168 canons.

Année 1810. 3 frégates : 1 de 50 canons ; 1 de 46 ; 1 de 44.
— 1 corvette de 20 canons (présent du Grand-Seigneur). —
2 bricks : 1 de 22 canons ; 1 de 20 (prise portugaise). — 2 polacres : 1 de 18 ; 1 de 6 — 2 chebecs de 20 canons. — 1 demi-
galère de 3 canons, à 36 rames. — Total : 11 navires, 269 canons.

— Une division, composée de 3 frégates et d'un brick et placée sous le commandement du raïs Hamidou, fit une croisière
dans l'Océan.

Année 1811. 2 frégates : 1 de 46 canons ; 1 de 44 (prise aux
Tunisiens, le 22 mai 1811, par le raïs Hamidou). — 1 corvette
de 24 canons (polacre grecque confisquée). — 1 brick de 20 canons. — 1 chebec de 20 canons. — 1 sandal (bateau) de 1 canon.
— 1 demi-galère de 36 rames et 3 canons. — Total : 7 navires,
158 canons.

Année 1812. Liste générale de la flotte algérienne.

5 frégates : 1 de 50 canons, appelée la *Grande frégate* ; 1 de 46
canons, appelée la frégate du raïs Hamidou, du nom de son commandant ; 1 de 44 canons, nommée la *Portugaise* ; 1 de 44 canons, nommée la *Tunisienne* ; 1 neuve de 38 canons. — 2 corvettes : 1 de 24 canons, appelée *Merzouk* ; 1 de 20 canons. —
2 bricks : 1 de 22 canons, nommé le *Portugais* ; 1 de 22 canons
dit le *brick neuf*. — 1 goëlette de 4 canons (« provenant de Tunis, conduite à Alger par des soldats turcs insurgés. ») — 1 polacre de 16 canons. — 1 chebec de 20. — 1 demi-galère de 36 rames, 3 canons. — 2 sandals ou bateaux de 1 canon. — Total :

15 navires, 355 canons ; plus : 8 chaloupes canonnières ou bombardières pontées et mâtées pour un trajet de mer, et une cinquantaine de chaloupes canonnières pour opposer à une attaque contre la ville (lorsque ces dernières chaloupes n'étaient pas nécessaires à la défense de la ville, on les déposait dans de vastes magasins ménagés sous le fort-neuf *(bordj el-djedid,* aussi appelé *bordj Ezzoubia,* le fort des immondices), bâti sur le bord de la mer, près de la porte Bab-el-Oued).

Année 1813. 1 frégate de 44 canons. — 2 corvettes : 1 de 24 canons ; 1 de 14 (prise grecque). — 1 brick de 22 canons. — 1 brigantin de 8 canons (prise américaine). — 2 chaloupes canonnières de 2 canons. — 8 chaloupes canonnières à un mât, pontées, portant 2 canons. — 11 chaloupes bombardières armées d'un mortier et portant un mât ; 25 chaloupes canonnières armées d'un canon et portant 1 mât. — Total : 7 navires, 46 chaloupes canonnières, 157 canons, 11 mortiers.

Année 1814. 3 frégates : 1 de 50 canons ; 2 de 44. — 3 corvettes : 1 de 30 canons (prise grecque) ; 1 de 24 ; 1 de 20. — 2 bricks : 1 de 22 canons ; 1 de 20. — 1 demi-galère de 36 rames, 5 canons. — Total : 9 navires, 259 canons.

Année 1815. 4 frégates : 1 de 50 canons ; 1 de 46 canons (ce bâtiment fut pris, le 16 juin 1815, par une division américaine, placée sous le commandement de M. Decatur, et portant M. Shaller, envoyé des États-Unis. Le célèbre raïs Hamidou fut tué dans ce combat) ; 1 de 44 (la *Portugaise*) ; 1 de 44 (la *Tunisienne*). — 3 corvettes : 1 de 30 canons ; 1 de 24 ; 1 de 20. — 2 bricks : 1 de 22 canons ; 1 de 20. — 1 demi-galère de 36 rames, 5 canons. — Total : 10 navires, 305 canons.

Année 1816. En 1816, antérieurement à l'expédition de lord Exmouth, la flotte comptait les navires ci-après :

5 frégates : 1 de 50 canons, nommée la grande frégate ; 1 de 46 canons, dite du raïs Hamidou (restituée par les Américains après la conclusion de la paix) ; 1 de 44 canons, nommée la *Portugaise* ; 1 de 44 canons, nommée la *Tunisienne* ; 1 de 38 canons. — 4 corvettes : 1 de 30 canons ; 2 de 24 canons, dont une nommée *Merzouk* ; 1 de 20 canons. — 3 bricks : 1 de 22 canons, dit le *Portugais* ; 1 de 20 canons ; 1 de 8 canons. — 2

goëlettes : 1 de 16 canons; 1 de 4 canons. — 1 demi-galère de 39 rames, 3 canons. - - 6 *bombardières portant chacune 1 mortier.* — 8 canonnières pontées et mâtées pour un *trajet de mer.* — Une trentaine de chaloupes non pontées, *pour les opposer à une attaque contre la ville.* — Total : 15 navires et 14 chaloupes pouvant naviguer, portant ensemble 401 canons et 6 mortiers, plus 30 chaloupes environ, ne naviguant pas.

Le 27 août 1816, l'escadre *anglo-hollandaise* que commandait lord Exmouth, attaqua Alger et incendia la flotte algérienne. Sept jours après la rude leçon qu'ils venaient de recevoir, les Algériens s'occupaient déjà de mettre des navires en mer. Le 7 septembre 1816, le consul de France délivrait des expéditions : 1° à raïs Ahmed, pour un brick de 22 canons; 2° à raïs Mehemet, pour une goëlette de 18 canons, appartenant précédemment à M Francovich, et échangée contre un brick de la Régence. Je n'ai pu savoir si ces deux bricks avaient pu échapper à l'incendie de la flotte ou bien s'ils étaient absents au moment de l'attaque. L'année suivante va nous donner quelques détails sur la reconstitution de la marine algérienne.

Année 1817. 3 bricks : 1 de 22 canons (cité en 1816); 1 de 18 canons (venu de Livourne où il avait été acheté pour le compte de la Régence); 1 de 14 canons (appartenant précédemment à M. Cranzaz, qui l'a vendu à la Régence). — 2 polacres : 1 de 18 canons (présent du Bey de Tripoli); 1 de 16 canons, à trois-mâts (achetée à un capitaine napolitain). — 2 goëlettes : 1 de 14 canons (construite à Livourne pour la Régence, arrivée à Alger le 18 juillet 1817); 1 de 18 canons (citée en 1816). — Total : 7 navires, 120 canons.

— Un document indigène mentionne la prise effectuée dans l'Océan par une escadre de six navires, de quatre bâtiments, dont un hambourgeois.

Année 1818 2 frégates : 1 de 46 canons (envoyée par le *Grand-Seigneur*); 1 de 36 canons (envoyée au Dey par le roi du Maroc); 1 de 32 canons (construite à Alger et lancée le 30 mars 1818; ce n'est qu'une grosse corvette). — 1 corvette de 20 canons (démolie en 1820). — 4 bricks : 1 de 22 canons; 1 de 18; 1 de 18; 1 de 14. — 1 polacre de 16 canons, à troismàts — 2 goëlettes : 1 de 18 canons; 1 de 14 canons. — Total : 11 navires, 252 canons.

Année 1819. Je n'ai trouvé de documents d'aucune nature pour cette année.

Année 1820, 3 frégates : 1 de 46 canons; 1 de 36 canons; 1 de 32 canons. — 2 corvettes de 36 canons (dont 1 venue de Constantinople). — 5 bricks : 1 de 22 canons; 1 de 18; 1 de 16; 1 de 14; 1 de 6 (prise tunisienne). — 1 polacre de 16 canons. — 2 goëlettes : 1 de 18 canons; 1 de 14. — 1 chebec de 10 canons. — Total : 14 navires, 320 canons.

Année 1821. 3 frégates : 1 de 50 canons; 1 de 36; 1 de 32. — 3 corvettes : 2 de 36 canons; 1 de 32 (s'est perdue en entrant dans le port d'Alexandrie). — 5 bricks : 1 de 22 canons (a été démoli à Constantinople); 2 de 18 canons; 1 de 16 canons (s'est perdu en entrant dans le port d'Alexandrie); 1 de 16 canons (acheté de M. Bastien, constructeur à Livourne). — 1 polacre de 18 canons. — 2 goëlettes : 1 de 16 canons (est restée à Constantinople pour faire partie de l'escadre ottomane); 1 de 12 canons. — 1 chebec de 10 canons. — Total : 15 navires, 368 canons.

— Une division de huit navires fut envoyée à la Turquie pour l'assister dans sa guerre contre les Grecs. Six de ces navires dûrent subir d'importantes réparations à leur arrivée à Constantinople; un autre fut démoli.

Année 1822. 1 brick de 8 canons.

— Une corvette, — appelée la *Bonne-Femme* par un document français et *Et-Toulounia*, la Toulonnaise, par les Algériens, — fut refondue à Toulon, sur les chantiers du commerce. Ces travaux, qui durèrent du 8 février au 12 octobre, occasionnèrent une dépense totale de 298,720 fr. 59 c., y compris 17,460 fr. 93 c. formant le prix de 30 caronades de 18 et de 14 caronades de 12, qui furent cédées par la marine royale.

Année 1823. 1 frégate de 62 canons. — 2 bricks : 1 de 16 canons, neuf; 1 de 4 canons. — 1 chebec de 14 canons. — Total : 4 navires, 96 canons.

Année 1824. 3 frégates : 1 de 50 canons, nommée *Meftah el-Djihad*, la clé de la guerre sainte; 1 de 45 canons, connue sous le nom de *Bel Howaz*, ou d'*Et-Toulouniya*, la Toulonnaise;

1 de 40 canons, nommée *Rehber Iskender*, le guide d'Alexandre.
— 2 corvettes : 1 de 36 canons, nommée *Mashar Tawfik*, l'objet de la protection divine ; 1 de 24, dite *Kara*, la noire. — 1 brick de 16 canons. — 3 goëlettes : 1 à trois-mâts, de 24 canons, appelée *Nser el-Islam*, la victoire de l'Islamisme ; 1 de 14 canons, précédemment chebec ; 1 de 12 canons nommée *Tsouriya*, les Pléïades. — Total : 9 navires, 261 canons.

Année 1825. 2 goëlettes : 1 de 12 canons, appelée *Tsouriya*, les Pléïades ; 1 de 12 canons, appelée *Chahin deria*, la terreur des mers.

— Une escadre de 8 navires fut expédiée à la flotte ottomane, à l'occasion de la guerre de l'indépendance grecque.

Année 1826. 2 goëlettes : 1 à trois-mâts, de 24 canons, appelée *Mansour*, victorieux ; 1 de 16 canons ; 1 chebec nommé *Allah Ialladi*.

Année 1827. Liste générale des navires composant la flotte algérienne :

3 frégates : 1 de 62 canons, nommée *Meftah el-Djihad*, la clé de la guerre sainte (était à Alexandrie depuis près de trois ans lors de la prise d'Alger) ; 1 de 50 canons, appelée *Bel Houaz*, ou *Et-Touloniya*, la Toulonnaise ; 1 de 40 canons nommée *Rehber Iskender*, le guide d'Alexandre, (se trouvait à Alexandrie depuis plus de trois ans, lors de la prise d'Alger.) — 3 corvettes : 1 de 40 canons, nommée *Fassia* ; 1 de 36 canons, appelée *Mashar tawfik*, l'objet de la protection divine ; 1 de 24 canons, dite Kara, la Noire. — 2 bricks de 16 canons, dont 1 nommé *Ni'met el-Houda*, les grâces de la voie du salut. — 1 polacre de 20 canons. — 5 goëlettes : 1 à trois-mâts, de 24 canons, appelée Mansour, Victorieux, et aussi *Nser el-Islam*, la victoire de l'Islamisme ; 1 de 16 canons, appelée *Fetihié* ; 2 de 14 canons, dont 1 nommée *Chahin deria*, la Terreur des mers, et 1 nommée *Djeïran*, la Gazelle ; 1 de 12 canons, appelée *Tsouria*, les Pléïades. — 2 chebecs : 1 de 10 canons ; 1 de 4 canons (utilisé par les Français, qui l'appelèrent le *Boberach*). — Total : 16 navires, 398 canons.

Le dernier passeport délivré par le consul aux corsaires porte la date du 26 mai 1827. Le 4 octobre de cette année, une division algérienne essaya de forcer le blocus français ; elle se composait d'après des documents indigènes : « d'une petite frégate, « d'une corvette, de bricks et de goëlettes, en tout 11 navires ».

et, selon le rapport du commandant Collet, de « 11 bâtiments,
« dont une grande frégate portant des canons de 18, 4 corvettes
« de 20 à 24 canons de 18, et 6 bricks ou goëlettes de 16 à 18
« pièces de 12. » Cette dernière évaluation se rapprochait beaucoup de la vérité, car en consultant le relevé ci-dessus, on est
amené à reconnaître que la division algérienne devait se compo-
ser des navires ci-après :

1. Frégate *Et-Toulouniya*, la Toulonnaise, dont les 50 canons,
fournis par les Français, tonnèrent contre leurs anciens pro-
priétaires.

2. Corvette *Fassia*, de 40.

3. Corvette *Mashar tawfik*, de 36.

4. Corvette *Kara*, de 24.

5. Polacre de 20 (ce navire à trois-mâts, a pu être compté comme
une corvette par le commandant Collet).

6. Brick *Ni'mat el-Houda*, de 16.

7. Brick de 16.

8. Goëlette *Mansour*, de 24.

9. Goëlette *Fetihé*, de 16.

10. Goëlette *Tsouriya*, de 12 canons (je tiens de l'ancien commandant de cette goëlette, le raïs Hassan, qu'il assistait à ce combat).

11. L'une des deux goëlettes de 14 canons.

Les Algériens se vantèrent d'avoir remporté une victoire
éclatante, mais la vérité est qu'ils regagnèrent le port, en
suivant la côte pour se mettre sous la protection de leurs
batteries, et que leur seul mérite fut de ne pas se laisser prendre
par l'escadre française qui ne comptait, en ce moment, que cinq
navires : la frégate l'*Amphytrite*, la corvette la *Galathée*, le brick
le *Faune*, le brick la *Cigogne* et la goëlette la *Champenoise* (1).

Cette tentative fut le dernier effort de la marine algérienne.
Bloquée étroitement dans son repaire, la flotte des forbans ne
devait plus sillonner ces mers où pendant si longtemps elle avait
été l'effroi des chrétiens, et le 5 juillet 1830 termina son existence
trois fois séculaire, la terreur et l'humiliation des petites nations
européennes.   ALBERT DEVOULX.

---

(1) Pour plus amples détails, voir mon *Tachrifat*, page 17.

9 782016 189085